JULIAN PRESS

Après des études d'Arts graphiques,
Julian Press débute dans l'édition pour la jeunesse
puis travaille dans une agence de publicité.
Il a vécu plusieurs années à Bruxelles.
Aujourd'hui, installé à Hambourg,
il poursuit sa carrière d'auteur-dessinateur
dans la presse pour enfants.

Dans la même série :

Le Sceptre d'or
Le Trésor de la Pierre-aux-Corbeaux
La Malédiction de l'arbalétrier

Titre original :
Die Lakritzbande, Aktion Gelber Drache

ISBN 978-2-7427-7286-5

Loi 49-956 du 16 juillet 1949
sur les publications destinées à la jeunesse.

OPÉRATION DRAGON JAUNE

Écrit et illustré par
JULIAN PRESS

Traduit par
SYLVIA GEHLERT ET ANNA GOURDET

ACTES SUD JUNIOR

OPÉRATION DRAGON JAUNE

Il n'y avait pas de meilleure réglisse qu'aux « Délices de Francis ». C'est là que Caroline, David et Valentin faisaient régulièrement leur provision de friandises pour la récré. Dans la confiserie de Francis Lespinasse, l'oncle de Caroline, ils retrouvaient Antoine, le frère cadet de Francis, qui était inspecteur de police et grand amateur de guimauve. Et, comme les trois amis étaient friands d'énigmes policières, d'histoires à suspense et de mystères, ils ne cessaient de l'assaillir de questions sur son métier.
Jusqu'au jour où ils décidèrent de fonder leur propre agence de détectives. Avec Antoine et Francis comme conseillers techniques. Tout ce qu'il leur fallait, c'était un local où se réunir. Francis leur proposa le « Sucrier », la réserve à bonbons qui se trouvait au grenier de la confiserie. C'est là, au milieu des parfums appétissants qui s'échappaient des cartons remplis de sucreries, que l'agence Malice et Réglisse prit ses quartiers.

Francis Lespinasse, aimable et perspicace, ne perd jamais son calme ni sa bonne humeur. Son passe-temps favori : les mots croisés.

Valentin Rigaudon, le benjamin de la bande, a l'œil vif et l'esprit farceur. C'est un bricoleur de génie, jamais à court d'idées.

Caroline Montonnerre réfléchit plus vite que l'éclair. En sportive bien dans ses baskets, elle a le sens du travail en équipe.

L'inspecteur Antoine Lespinasse est un fin limier et un oiseau de nuit. Quand la ville s'endort, il allume son ordinateur.

David Delorme aime la nature et l'air du large. Il sait reconnaître à l'oreille tous les cris d'oiseau. Son cacatoès le suit partout.

Robinson, le cacatoès, est un spécialiste des filatures et le guetteur le plus discret de l'agence Malice et Réglisse.

BRANLE-BAS AU CHÂTEAU DE ROCMERLE

1

LE « SUCRIER » EST VIDE, VIVE LES VACANCES !

Caroline, David et Valentin jetèrent un dernier regard sur leur quartier général. Non, ils n'avaient rien oublié. À l'exception du vieux guéridon qui leur servait de table de travail, le « Sucrier » était vide.
Francis avait écoulé ses stocks de bonbons. Avant de fermer sa boutique, il avait vidé le contenu des bocaux dans de grands sacs en papier. C'était son cadeau annuel pour la colonie de vacances « Les Hippocampes », à Seaulieu-sur-Mer.
Les Malice et Réglisse enfourchèrent leurs vélos. Destination : le château de Rocmerle, où le grand-père de Caroline les avait invités à venir passer quelques jours de vacances. Francis et Antoine les rejoindraient plus tard. Poussant des cris de joie, Robinson s'élança pour ouvrir le cortège.
À quelques kilomètres de la ville, ils tournèrent dans un chemin sablonneux où ils avancèrent péniblement. Arrivés à une bifurcation, ils mirent pied à terre. Valentin s'épongea le front. Caroline se gratta la tête. À droite ou à gauche ? Elle ne se souvenait plus. Et le vieux panneau indicateur fauché par la dernière tempête n'était d'aucun secours. C'est David qui lui vint en aide. Il pointa du doigt le bon chemin.
– Sachant que ton grand-père prend tous les jours sa camionnette pour aller livrer les œufs de sa ferme en ville, ça ne peut être que celui-ci.

QUESTION

Lequel des deux chemins relie le château de Rocmerle à la ville ?

....

les DELICES de
FRANCIS
Fermé du
02.07

Rocmerle
5 km

2

QUI ÉPIE LÀ ?

Le passage de la camionnette empêchait l'herbe d'envahir le chemin de droite. Après une demi-heure de pédalage forcené, Caroline et ses copains franchirent enfin le portail du château.

Sans se douter le moins du monde que leur première énigme les y attendait déjà...

– Bienvenue à Rocmerle ! leur lança le grand-père du haut du perron avec un grand sourire. Tout le monde a eu de bonnes notes, j'espère, sinon, c'est corvée de vaisselle matin, midi et soir, je vous préviens !

– Ça ne risque rien, rétorqua Caroline, fière de son dernier bulletin, et, au pire, je sais appuyer sur le bouton du lave-vaisselle. Venez, les garçons, on va faire une petite course dans le parc pour se mettre en appétit.

En fin d'après-midi, la moto rouge de Francis fit son entrée pétaradante dans la cour. Le châtelain salua ses fils.

– Avant de vous installer dans vos chambres, venez boire un verre de jus de pomme de ma fabrication. Vous m'en direz des nouvelles.

– Très volontiers, dit Francis, mais où donc est Robinson ?

– Il s'est trouvé un perchoir d'où il peut nous observer, répondit David.

– Et j'ai l'impression qu'il n'est pas le seul, murmura Caroline, quelqu'un d'autre nous observe discrètement depuis un bon moment.

QUESTION

Qui a attiré l'attention de Caroline ?

3

SOUS HAUTE SURVEILLANCE

– C'est bizarre, dit David au petit déjeuner en mordant dans sa tartine.
– C'est étrange, renchérit Valentin entre deux gorgées de chocolat.
– C'est carrément suspect ! s'exclama Caroline. Celui qui nous a épiés hier après-midi depuis la lucarne de la tour doit avoir une idée derrière la tête. Et si l'on y montait ? Qui sait, on y trouverait peut-être un indice ?
Lorsqu'ils sortirent dans la cour, Robinson piqua droit sur eux, tenant dans son bec un objet luisant. David le saisit. C'était une pièce d'or !
– Elle est ancienne, dit Caroline, comme celles de la collection de grand-père.
Le maître de Rocmerle était dans la bibliothèque avec Francis et Antoine. Il scruta la pièce d'un regard de connaisseur, puis s'approcha de la vitrine qui renfermait sa collection de monnaies anciennes et l'ouvrit.
– C'est stupéfiant ! s'écria-t-il. J'aurais parié que cette Impératrice Vermeille était une de mes pièces. Mais la mienne est bien là. Regardez !
Il posa les deux pièces côte à côte sur la table. Antoine les retourna.
– Même poinçon, dit-il. Et, pourtant, c'est une pièce unique au monde.
– Vous permettez ? dit Valentin en retournant les pièces côté face.
Un frisson parcourut l'assistance. Le visage du grand-père s'empourpra.
– Puisque la mienne est authentique, c'est que l'autre est un faux !

QUESTION

À quoi reconnaît-on la supercherie ?

Fausse pièce
Original

4

PAS DE FUMÉE SANS FEU !

C'était la boucle d'oreille qui trahissait la contrefaçon !
Le soir, les Malice et Réglisse se réunirent dans la chambre des garçons. Ensemble, ils feuilletèrent un ouvrage savant sur les monnaies anciennes, emprunté à la bibliothèque du château. David trouva la bonne page et lut : « L'Impératrice Vermeille. Pièce de grande valeur, frappée en douze exemplaires en 1634 à Venise. Le navire qui devait les acheminer vers son commanditaire, le prince Hernando Aranjuez, s'échoua du côté de Gibraltar. Une seule pièce fut retrouvée et restituée au prince. Ce dernier la légua à son fils aîné, lequel s'en servit pour payer la dot de sa fille qui épousa, en 1676, le marquis de Balivergne. Après de nombreux changements de main, elle intégra une collection privée. » David bâilla.
– Ça ne nous avance pas. Il faut trouver d'où vient la fausse pièce. Elle n'est pas restée longtemps dehors, sinon la pluie l'aurait salie.
– Ce qui signifie que le faussaire n'est peut-être pas loin, conclut David.
Minuit venait de sonner quand ils redescendirent à la bibliothèque pour y replacer le livre. Les marches de l'escalier craquèrent sous leurs pas.
– Il n'y a plus que nous qui soyons debout, chuchota Caroline.
– Erreur ! répliqua Valentin, quelqu'un vient tout juste de partir d'ici. Ça se ressent très nettement. D'ailleurs, en voici la preuve ! Regardez !

QUESTION

Qu'est-ce qui indique que Valentin a du flair ?

....

Monnaies Anciennes

5

QUEL CRAN !

Si l'inconnu avait noyé la flamme de la bougie dans la cire liquide au lieu de la souffler, il n'y aurait pas eu de fumée et pas d'odeur non plus.

Le lendemain matin, à 7 h 13 précises, un cri d'effroi perça le silence du château. David se dressa sur son lit. Il se précipita dans le couloir où il tomba nez à nez avec Caroline. Ils peinèrent pour réveiller Valentin qui dormait sur ses deux oreilles, la tête sous le traversin. Chacun sauta dans ses habits avant de dégringoler l'escalier.

Des éclats de voix leur parvinrent du salon. Lorsqu'ils passèrent devant la bibliothèque, ils comprirent la cause de l'affolement. Le verre de la vitrine était brisé, l'Impératrice Vermeille avait disparu ! Ils avancèrent avec précaution afin de ne pas se couper.

Soudain, Valentin sursauta. Il avait marché sur quelque chose ! Vite, il se baissa. C'était un bouton gris d'aspect assez ordinaire. Il le glissa rapidement dans sa poche. Savait-on jamais ?

Dans le salon, l'excitation était à son comble. Edwige, la cuisinière qui avait découvert le cambriolage, se trouvait au bord de la crise de nerfs. M. Lespinasse père était effondré dans son fauteuil, pendant que ses deux fils interrogeaient le personnel, apparemment sans succès.

– Quel toupet ! murmura Caroline, l'inconnu est donc revenu dans la nuit.

– Quel inconnu ? dit David. La personne se trouve ici parmi nous.

QUESTION

Quel détail vestimentaire trahit l'individu coupable ?

6

MINE DE RIEN...

S'il s'était aperçu qu'il avait perdu un bouton de sa veste, Adalbert Ducasse serait sûrement allé se changer avant de se présenter au salon. Les Malice et Réglisse l'observaient du coin de l'œil pendant qu'il parlait au jeune jardinier. « C'est abominable ! l'entendirent-ils dire, j'espère que la police attrapera le voleur ! »

– Nous aussi, murmura Caroline entre ses dents, et on l'y aidera. Pauvre grand-père ! Il a engagé Ducasse comme chauffeur il y a trois mois, sur sa bonne mine et son air sérieux. Mais, à nous, il n'échappera pas !

– Calme-toi, Caroline, dit Valentin ; à part le bouton, on n'a aucune preuve.

Mais Caroline s'était déjà glissée discrètement hors du salon. Ses copains la rejoignirent devant la porte de la chambre d'Adalbert Ducasse.

– Fermée à clé ! dit-elle d'un air rageur, ça en dit long sur le personnage.

– Non, dit David, tout le monde a droit au respect de son intimité.

Valentin les laissa dire. L'œil collé au trou de la serrure, il murmura :

– Ta piste est bidon, ma chère Caro, il n'y a rien d'intéressant là-dedans.

– Pas d'accord ! s'écria-t-elle après avoir jeté elle-même un coup d'œil.

– Que faites-vous ici, espèces de garnements ? gronda la voix d'Adalbert Ducasse qui s'était approché à pas de loup.

– Je... euh... je fais visiter le château, mentit crânement Caroline.

QUESTION

Quel indice a-t-elle aperçu dans la chambre du chauffeur ?

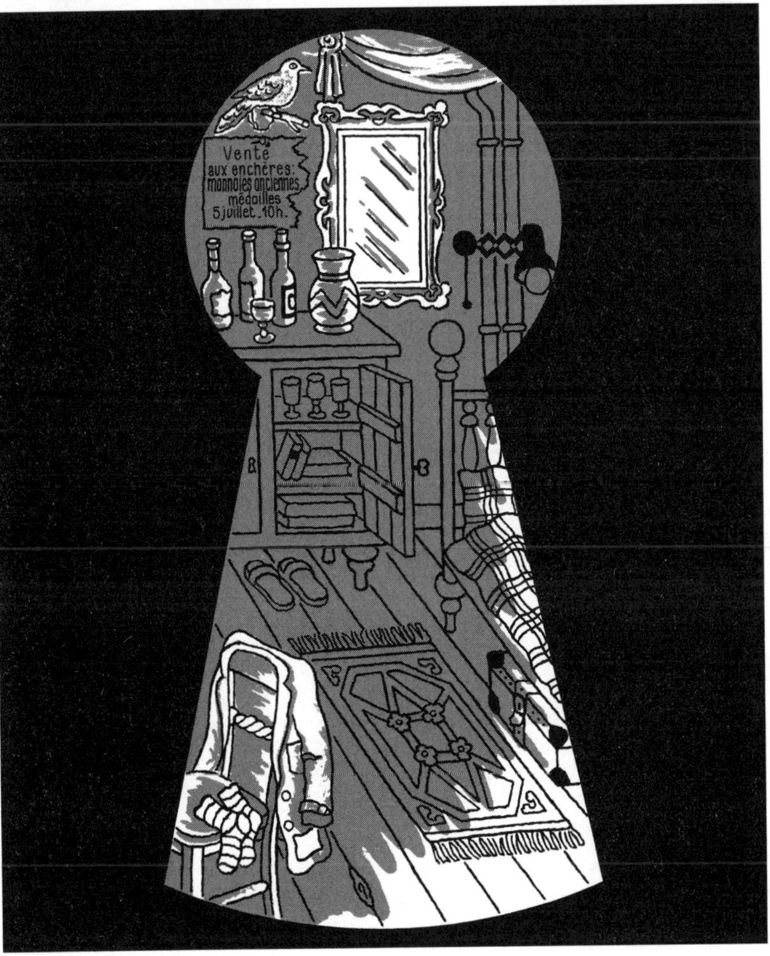
Vente
aux enchères :
monnaies anciennes,
médailles
5 juillet. 10h.

7

ÇA SE CORSE !

Le bout d'affiche que Ducasse avait épinglé au mur de sa chambre en disait long sur son intérêt pour les pièces de monnaie anciennes !
Francis suivit abasourdi le récit que fit Caroline de sa découverte. Antoine, de son côté, dressa le plan des opérations. L'affaire était sérieuse. En tant qu'inspecteur de police, il devait être vigilant. Il s'agissait de mener une enquête serrée pour traquer le coupable. Et, de surcroît, il devait protéger Caroline et ses copains détectives. Ce sont eux qui l'avaient mis sur la piste de Ducasse. En l'apprenant, Ducasse essaierait sûrement de se venger. La plus grande prudence était de rigueur. Il en toucha un mot à son frère qui partagea son avis.
Le lendemain matin, les Malice et Réglisse au grand complet s'embarquèrent dans la camionnette avec Francis au volant. Destination officielle : la plage de Seaulieu-sur-Mer. Antoine les suivit en moto. Ils se retrouvèrent à la salle des ventes de Villeneuve, en plein milieu de la vente aux enchères.
– Après les tableaux, nous allons passer maintenant aux enchères d'une pièce de monnaie unique, annonça fièrement le commissaire-priseur.
– Je ne vois Ducasse nulle part, trépigna Caroline, soudain mal à l'aise.
– Moi non plus, avoua David à son tour. Dommage, on a dû se tromper.
– Mais non, répliqua Valentin, il est là, et il n'est pas venu seul.

QUESTION

Où se trouve Ducasse ?

Salle
des ventes
SORTIE

8

UN INSPECTEUR QUI N'EST PAS TOMBÉ DE LA DERNIÈRE PLUIE

Quand David et Caroline aperçurent le chauffeur qui se tenait près de la sortie, ils en avertirent discrètement Antoine et Francis. Puis leurs regards se tournèrent vers le commissaire-priseur, qui relança la vente :
– Votre attention, mesdames et messieurs ! Je vous présente maintenant une pièce unique au monde : l'incomparable Impératrice Vermeille !
Son assistante passa dans la salle pour montrer aux intéressés la pièce qui était couchée sur un coussin de velours.
C'est alors que Ducasse découvrit la présence de l'inspecteur. Se sachant démasqué, il fila aussitôt, entraînant avec lui son voisin. Sous les yeux éberlués du commissaire-priseur, Antoine, Francis et la bande des Malice et Réglisse se précipitèrent vers la sortie. Au travers du rideau de pluie, ils distinguèrent deux silhouettes se dirigeant vers l'hôtel des Voyageurs.
Cinq minutes plus tard, Antoine frappait à la porte de la chambre 17.
– Police, ouvrez ! Nous savons que vous êtes là !
– Entrez donc ! lui répondit une voix de basse sur un ton narquois.
– Quelle surprise ! s'exclama l'inspecteur en franchissant le seuil, Frédo le faussaire ! Alors, vous avez repris le métier ? Ça va vous coûter cher.
– Que me voulez-vous ? s'emporta le moustachu. Je suis un homme très malade. Voilà deux jours que je n'ai pas quitté mon lit.

QUESTION

Qu'est-ce qui prouve à Antoine que Frédo est un fieffé menteur ?

9

UNE ISSUE SANS SECOURS

En homme méticuleux et ordonné, Frédo avait rangé son parapluie mouillé dans le bac prévu à cet effet. Il s'en voudrait toute sa vie !
– Habillez-vous, lui dit l'inspecteur, on vous emmène au commissariat. Quant à votre complice Ducasse, je finirai par lui mettre la main au collet.
Pendant qu'Antoine appelait des renforts, le trio des Malice et Réglisse tentait de reconstituer son premier cas, le vol de l'Impératrice Vermeille.
– Frédo et Ducasse apprennent que mon grand-père possède l'Impératrice, dit Caroline. L'un fabrique un faux que l'autre doit substituer à la pièce authentique qu'ils vont ensuite vendre aux enchères.
– Seulement voilà, continua David, Ducasse perd la fausse pièce et Robinson la retrouve. Frédo est furieux et menace son complice…
– … Qui n'hésite pas à casser la vitrine pour obtenir la vraie, dit Valentin.
– Il n'avait pas le choix, fit remarquer Caroline. Grand-père la ferme à clé le soir et emporte le trousseau avec lui. Mais qu'est-ce que je vois ?
Elle s'approcha de la fenêtre qui n'était pas fermée. Ducasse s'était-il sauvé par l'escalier de secours ? Les trois amis scrutèrent la cour fleurie.
– C'est peine perdue, leur lança Antoine. À l'heure qu'il est, Ducasse a disparu dans la nature. Mais n'ayez crainte, je saurai le retrouver.
– Tu brûles, tonton, lui dit Caroline. Prépare les menottes, Ducasse est cuit.

QUESTION

Où Caroline a-t-elle repéré Adalbert Ducasse ?

OPÉRATION « DRAGON JAUNE »

1

TROIS DÉPARTS POUR UNE ARRIVÉE

Le dimanche soir, Francis et Antoine accompagnèrent les Malice et Réglisse à la gare de Lille. Le train de nuit devait les emmener à Londres, d'où ils allaient repartir pour un séjour linguistique en Écosse.
Une dernière fois, ils vérifièrent qu'ils avaient bien leur billet, leur carte d'identité et l'autorisation parentale de quitter le territoire français. Le train entra en gare à l'heure précise. Cinq minutes plus tard, le chef de gare siffla le départ, et le convoi s'ébranla.
Allongés sur leurs couchettes, les trois amis passèrent en revue les événements palpitants des derniers jours qui s'étaient soldés par l'arrestation de Ducasse.
– Il ne sentait pas la rose en sortant de la poubelle, commenta Valentin.
– Et, dans sa cellule, il n'est pas prêt de sentir l'odeur des lilas pour quelque temps, ajouta Caroline, qu'est-ce que tu en penses, David ?
Mais David dormait à poings fermés, avec Robinson niché sur son oreiller.
Sur le quai de la gare, l'inspecteur Antoine, quant à lui, étudiait le tableau des arrivées. Il était sur la trace d'un trafiquant de stupéfiants. D'après ses renseignements, celui-ci venait régulièrement d'Amsterdam.
– Ce n'est plus ce soir qu'il arrivera ici, dit Francis, après un regard sur le tableau.
– Tu te trompes, on aura juste le temps d'aller prendre un café.

QUESTION

Combien de temps leur reste-t-il avant l'arrivée du train ?

....

2
Paris
Lille
Londres

ARRIVEE 2
Train n° circule H.d'arrivée Voie en provenance de
EC 321 Ven. et Sam. 16h39 2 Amsterdam
TER 4589 Lun. à Ven. 17h02 5 Seaulieu-sur-Mer
TGV 555 Tous les jours 17h50 1 Paris
TER 4588 Lun. à Ven. 18h19 6 Chantrey-les-Vignes
TGV 555 Tous les jours 18h50 1 Paris
EC 258 Sam. et Dim. 18h51 1 Dijon
EC 322 Tous les jours 19h10 1 Londres
TER 4590 Lun. à Sam. 19h18 5 Seaulieu-sur-Mer
TIR 4573 Dim et jrs Fériés 19h23 5 Seaulieu-sur-Mer
EC 657 Tous les jours 19h43 2 Rotterdam
TGV 501 Tous les jrs sf Di 19h50 1 Paris
EC 651 Lun. à Ven. 19h58 2 Amsterdam
C 647 Tous les jours 20h13 2 Bruxelles
TER 2369 Tous les jours 20h29 6 Tourcoing
TER 3258 Tous les jours 20h31 5 Nancy
TGV 522 Lun. au Sam. 20h43 4 Marsei
C 333 Sam. et Dim. 20h55 3 Cologne
C 777 Tous les jrs sf Lun 20h57 2 Besançon
ER 4598 Lun. à Sam. 21h03 5 Lahouille-le
C 652 Tous les jrs sf Dim 21h15 2 Amsterdam
EC 411 Lun. à Ven. 21h20 3 Londres
EC 606 Dim. et jrs Fériés 21h40 2 Amsterda
TER 4577 Lun. à Sam. 21h55 5 Roub
Tra
TE
TG
EC
TE
TG
EC
TG
TE
TE
TG

2

UNE OMBRE DANS LA NUIT

Malgré l'heure tardive, le hall de la gare était encore très animé. Francis consulta sa montre. Antoine avait raison. Il leur restait exactement trente-cinq minutes avant l'arrivée du train d'Amsterdam.

Du café où ils s'installèrent, ils pouvaient surveiller toutes les allées et venues des voyageurs. Le garçon venait d'encaisser leurs consommations, quand, tout à coup, ils repérèrent une silhouette noire, munie d'un sac de voyage.

À l'abri des lumières, un homme traversait furtivement les voies pendant que le train d'Amsterdam s'arrêtait dans un ultime grincement de freins.

– C'est notre homme, murmura Antoine les yeux braqués sur l'individu, il a filé par la portière, à l'opposé du quai, et il a l'air très pressé.

– Si c'est vraiment lui, ça se comprend, dit Francis. Ses complices ont dû le prévenir que les contrôles de police et de douane ont été renforcés.

À ce moment précis, la lumière crue des néons frappa de plein fouet le visage du fuyard. L'inspecteur Antoine entraîna son frère par le bras :

– Viens, il est à nous ! Quatre yeux contre un seul, la partie est gagnée !

C'était compter sans un teckel récalcitrant qui résistait à son maître. Antoine se prit les pieds dans la laisse, trébucha, se rattrapa. Trop tard ! L'individu avait disparu de sa vue. L'inspecteur poussa un juron.

– Ne t'en fais pas, le rassura Francis, je ne l'ai pas quitté des yeux.

QUESTION

Que s'apprête à faire le suspect ?

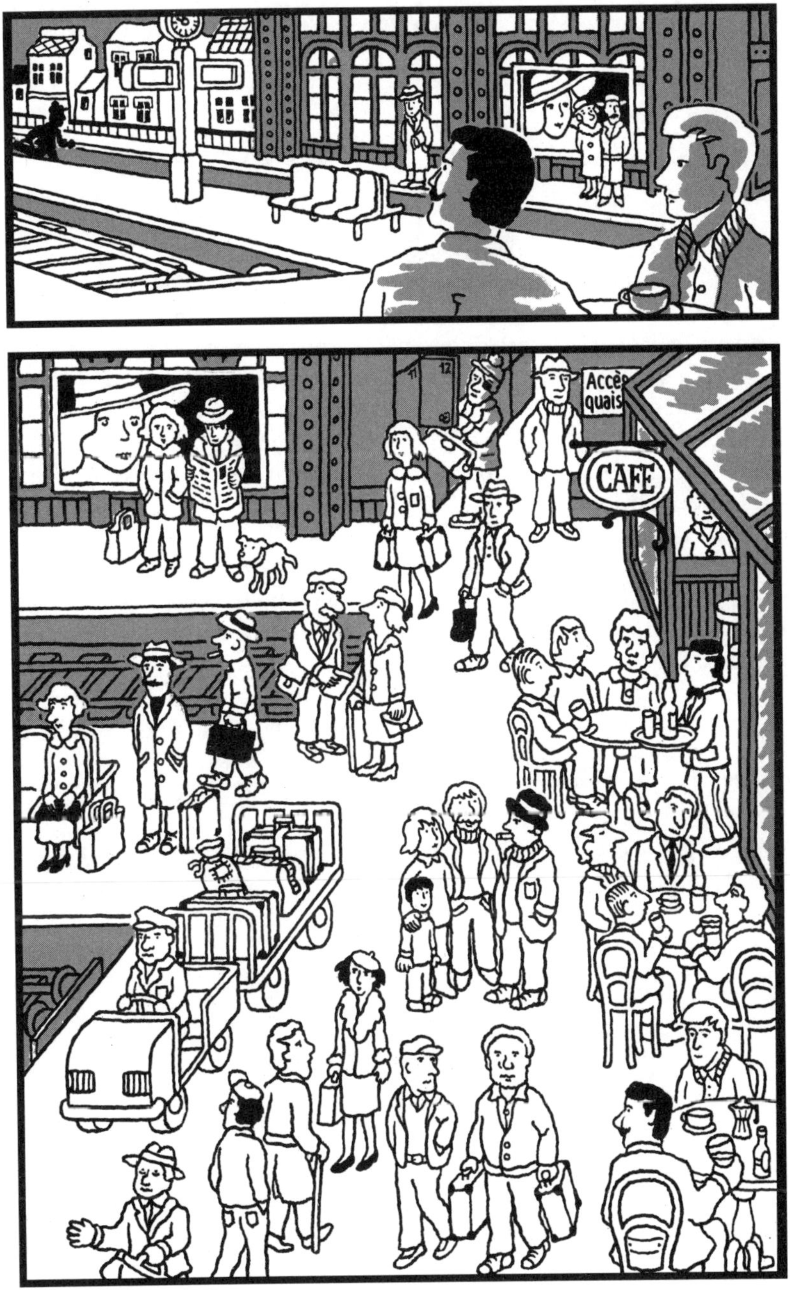
Accè
quais
CAFE

3

DE LA MAIN À LA MAIN

Après avoir glissé son sac de voyage dans le compartiment 12 de la consigne automatique, l'homme au bandeau noir mit la clé dans sa poche et se précipita vers la sortie. Antoine et Francis le suivirent discrètement.

D'un pas décidé, l'individu se dirigea vers l'Étoile du Nord, la grande brasserie en face de la gare. Les deux frères y entrèrent à leur tour et s'installèrent à une table au fond de la salle.

L'homme avait posé la clé de la consigne sur le comptoir. Le barman se pencha vers lui pour prendre la commande. Le va-et-vient des clients continuait, les conversations allaient bon train, l'aiguille de la pendule au-dessus de la porte progressait tranquillement.

Francis commençait à s'impatienter :

– Écoute, Antoine, si tu veux mon avis, on est en train de perdre notre temps. Ton fameux suspect en est déjà à son deuxième verre, et il ne s'est rien passé d'anormal. D'ailleurs, il a plutôt l'air « pépère ».

C'est à ce moment qu'un groupe de convives passa devant leur table, leur obstruant la vue pendant un bref instant. Quand elle fut de nouveau dégagée, Francis crut rêver. L'inconnu avait disparu ! Et la clé aussi !

– Il a dû filer par les cuisines en l'emportant avec lui ! s'écria Antoine, prêt à bondir, mais Francis le retint par le bras.

– Peut-être, mais sans la clé, car je sais qui l'a à présent. Vite, suis-moi !

QUESTION

À qui l'inconnu a-t-il passé la clé de la consigne ?

....

4

UN NOM PEUT EN CACHER UN AUTRE

L'homme au bandeau noir avait bel et bien eu rendez-vous à la brasserie ! Avec une femme, à qui il avait subrepticement passé la clé avant de se volatiliser, et qui sortait discrètement de l'établissement, direction : la gare.

Après avoir retiré le sac de voyage de la consigne, elle s'engouffra dans un taxi qui démarra aussitôt. Antoine et Francis eurent tout juste le temps de héler un taxi à leur tour, avant que l'autre ne tourne au coin de la rue.

Le suivant à bonne distance, ils se retrouvèrent enfin dans une voie sombre du faubourg de la ville, où l'inconnue disparut derrière une porte du sous-sol d'une maison. « Inès Croquery », annonçait la plaque fixée au mur. Rien ne bougeait derrière la petite fenêtre faiblement éclairée.

Un étroit passage menait à l'arrière de la maison, où une surprise attendait les deux détectives. De l'autre côté d'une grande baie vitrée, la femme s'affairait. Sur une feuille de papier, elle traçait rapidement quelques mots d'une écriture ample. Une pression de bouton sur le télécopieur, et la feuille disparut pour ressortir à l'autre bout. L'inspecteur Antoine siffla entre ses dents en lisant le contenu du fax. Son frère lui jeta un regard perplexe.

– Maria Juan ? fit-il étonné, je croyais qu'elle s'appelait Inès Croquery...

– Il suffit de déplacer une lettre du nom pour comprendre le message.

QUESTION

Qu'est-ce qui prouve qu'Antoine est sur la bonne piste ?

Inès
Croquery

Rendez-vous
demain au
"Dragon Jaune"
20h
Maria Juan

5

DE QUOI SE DISTRAIRE !

L'idée d'Inès Croquery était fort astucieuse. Pour comprendre le sens de son message, il suffisait de remanier très légèrement le nom dont elle l'avait signé. En déplaçant une lettre, Maria Juan se transformait en marijuana, un stupéfiant connu aussi sous le nom de haschisch.

L'inspecteur Antoine avait eu du flair. Son frère lui en fit le compliment :

– Mes respects. Moi, je n'aurais jamais trouvé. Il faut dire que c'est tellement simple que c'en est génial ! Tu es vraiment un fin limier.

Antoine lui jeta un regard en coin. Francis se moquait-il de lui ?

– Il ne reste plus qu'à trouver ce qui se cache derrière le « Dragon jaune », dit-il. Un cabaret ? Un restaurant ? Une boîte de nuit ?

Les deux frères passèrent toute la soirée dans le bureau d'Antoine. Ils consultèrent le Minitel et les pages jaunes de l'annuaire téléphonique avant de se lancer dans la recherche sur Internet. Pas la queue d'un dragon jaune !

Il était minuit passé quand, pour se distraire, Francis ouvrit le journal à la rubrique des sorties proposées pour le week-end. Antoine et lui avaient bien besoin de se changer les idées. Il parcourut la page, ne trouva rien qui soit à son goût et allait refermer le journal.

– Pas si vite ! s'exclama Antoine en se penchant par-dessus son épaule. Le lieu du rendez-vous est écrit noir sur blanc. Il suffit de savoir lire.

QUESTION

Qu'est-ce qui a échappé à Francis ?

Les Martiens arrivent.
Un spectacle renversant !
Samedi et dimanche 21h.
Safari Parc : Pique-nique avec les panthères. Tous les jours à 13h Entrée libre pour les moins de 6 ans
Grande course en sac : Départ : place de l'Hôtel de Ville dim. 10h. De nombreux prix à gagner
Festival estival : Récital de guitare flamenco
Idées de sorties pour le week-end
Théâtre Colibri : Quand le rossignol chantera. Airs célèbres du folklore français par la chorale de la commune 19h30; matinée le dimanche à 15h.
Théâtre des Ténèbres: Nuit noire à Nottingham. À partir de 12 ans. 20h sam. et dim. séance supplémentaire à 23h.
Feutres en folie: grand concours de BD junior. Sam. et dim. toute la journée. Grande pelouse du parc municipal. Renseignements : 06.00.18.00.32
Palais des Géants : La Parade des monstres. Grand bal costumé. Venez nombreux et monstrueux !
Course de canoë sur le lac des Rosières
Tous publics. Départ dimanche 14h. Inscriptions à la mairie.
Stade des Minimes Samedi 10h : Coupe d'Europe de lancer de petits pois 2e éliminatoires
On rit et on s'amuse !
25e fête foraine de Villeneuve Le grand événement de l'été ! Manèges, grande roue, spectacles pour petits et grands. L'homme singe et la femme serpent. La fée du bonheur au Dragon jaune. Concours de cracheurs de feu. Grand prix de la «Pomme d'amour». Place des fêtes. À partir de vendredi soir
Esprit, es-tu là ? Fête des fantômes. Terrasse du château, samedi à partir de minuit. Déguisements fournis sur place

6

EN CHERCHANT LA PETITE BÊTE

Le Dragon jaune était une des attractions de la fête foraine qui se tenait comme tous les ans sur un terrain en bordure de la ville. Le lendemain soir, bien avant l'heure du rendez-vous fixé par fax, les deux frères se postèrent non loin du stand où œuvrait la fée du bonheur.
– Inès Croquery ! Quelle surprise ! murmura Francis en la reconnaissant.
– Tu parles d'une fée du bonheur, grommela Antoine. Elle vend des billets de loterie, et tout ce qu'on peut y gagner, ce sont des animaux en peluche. Il n'y a vraiment pas de quoi fouetter un chat.
– Tu n'y es pas du tout, rétorqua Francis. Imagine que la drogue soit dissimulée dans une de ces peluches... l'échange peut alors se faire sans éveiller le moindre soupçon ; tu me suis ?
Une odeur irrésistible de saucisses grillées leur chatouilla les narines. Huit heures moins cinq, juste le temps de prendre un petit en-cas. Gourmandise fatale ! Quand ils revinrent au Dragon jaune, un simple coup d'œil leur permit de comprendre qu'ils avaient raté le rendez-vous de 20 heures. L'inspecteur Antoine était dans ses petits souliers.
– C'est toi qui avais raison, lâcha-t-il à l'adresse de son frère. Quelqu'un a gagné le gros lot pendant notre absence. Tout est à recommencer.
– Non, tu te trompes, rétorqua Francis. Dépêchons-nous de rattraper l'heureux gagnant. Il n'est pas loin.

QUESTION

Qu'a donc découvert Francis ?

Au Dragon Jaune
du rendez_vous
du BOEUF qui rit
GLACES
Cœur en sucre
Au Dragon Jaune
Chaud, Chaud, les saucisses !!

7

LA POUDRE AUX YEUX

Serrant contre lui un éléphant en peluche, un homme venait de passer devant le marchand de ballons. Francis et Antoine se mirent sur ses talons. L'homme était aux aguets ! Tous les dix mètres, il se retournait furtivement. Tout ce qu'il voyait, c'étaient deux compères passablement éméchés qui suivaient leur chemin en chantant à tue-tête. L'homme en parut rassuré. Ce qu'il ne voyait pas, c'étaient les clins d'œil complices que se lançaient Francis et Antoine, contents de leur numéro.

Arrivé devant une villa noyée dans la verdure, l'homme bifurqua brusquement. Quelques instants plus tard, Antoine appuya sur la sonnette. Silence. Au troisième coup de sonnette, la porte s'entrouvrit.

– Police ! dit Antoine en brandissant sa plaque. C'est bien vous qui venez de gagner un éléphant en peluche à la fête foraine ?

– Vous devez faire erreur, monsieur l'inspecteur, mais entrez donc ! Je suis en train de regarder le match de foot à la télé : 2 à 1. Quel suspense !

– En effet, murmura Antoine en découvrant la peluche éventrée dans la corbeille à papier. Vous en avez même oublié de retirer votre manteau.

– Je suis frileux, monsieur l'inspecteur, rétorqua l'autre froidement.

– Arrêtez de me chauffer les oreilles ! explosa Antoine. Je vais vous mettre au frais pour trafic et détention de stupéfiants. Voici la preuve !

QUESTION

Où Antoine a-t-il découvert la marchandise incriminée ?

Poudre de Dragon Jaune

LE VOL DU MADRAS BLEU

1

UNE PREMIÈRE PISTE

« Chers amis et associés, nous n'avons pas encore trouvé le monstre du loch Ness ni le moindre château hanté. L'Écosse nous plaît beaucoup, et nous avons fait de grands progrès en anglais.
Malice et Réglisse.
P.S. Merci pour votre e-mail, et toutes nos félicitations ! Si l'on a bien compris, la fameuse poudre de Dragon jaune était cachée dans un pot sous l'escalier. Quel culot ! »
La carte postale venait d'arriver au commissariat, où l'inspecteur Antoine bouclait le dossier de l'affaire du Dragon jaune.
Soudain, le téléphone sonna. Antoine entendit une voix tremblant de colère :
– Ici Bruno Trousseau, gardien chef du musée des Arts asiatiques. C'est incroyable !... Inoui !... Du jamais vu !... Tout s'est passé à la vitesse de l'éclair... dire que je venais tout juste de faire ma ronde... Venez vite !
Sur les lieux, Antoine et Francis trouvèrent un gardien chef consterné :
– À 16 h 58 précises, j'ai entendu un bruit de verre provenant de la salle des antiquités indiennes. J'ai aussitôt donné l'alarme. Trop tard ! Notre plus grand chef-d'œuvre, *Le Madras bleu,* avait disparu de son socle.
– C'est un travail de spécialiste, murmura Antoine, pas la moindre trace.
– Sauf une, rectifia son frère qui n'avait pas les yeux dans sa poche.

QUESTION

Qu'est-ce qui a attiré le regard de Francis ?

INDE
1696

2

... COMME LE NEZ AU MILIEU DE LA FIGURE

Dans sa précipitation, le voleur du *Madras bleu* avait perdu ses lunettes. L'inspecteur les retira de la vitrine à l'aide d'un mouchoir en papier pour ne pas effacer d'éventuelles empreintes digitales et les glissa dans un sachet en plastique.

Dans le hall du musée, la foule des visiteurs s'impatientait. Depuis la découverte du vol, toutes les issues étaient étroitement surveillées. Pendant que le personnel contrôlait l'accès aux salles, aux sanitaires et à la cafétéria, Antoine et Francis, accompagnés du gardien chef, passèrent au crible les locaux de service et le vestiaire. En vain.

À 17 h 25, un haut-parleur annonça au public la fermeture imminente du musée. Les salles se vidèrent, les visiteurs se pressèrent vers la sortie. Les gardiens les firent passer un par un, vérifiant au passage le contenu de leurs sacs. Sans résultat.

– Tout donne à croire que le voleur à réussi à s'enfuir avec la statuette avant que les gardiens ne bouclent la sortie, soupira Francis.

– Vu la grosseur des verres, notre homme doit être extrêmement myope, murmura Antoine, qui examinait attentivement les lunettes du coupable.

– Excellente remarque, lui glissa Francis à l'oreille, tu ne crois pas si bien dire. L'homme est toujours sur les lieux. Prépare-toi à l'arrêter.

QUESTION

Qu'est-ce qui prouve la présence du voleur ?

SORTIE
ASIE
ASIE

3

ET CRAC !

Antoine n'eut aucun mal à repérer le suspect, qui feignait de feuilleter un catalogue… en le tenant à l'envers !

Se sentant soudain traqué, l'individu fonça vers la porte, força brutalement le barrage des gardiens, dévala l'escalier et s'enfuit en courant. Dans ses mains, il tenait *Le Madras bleu* !

– Police, arrêtez-vous ! lui cria Antoine.

Mais l'homme n'en tint aucunement compte, redoublant même de vitesse pour échapper à ses poursuivants. Au bout de la rue se dressaient les arbres centenaires du jardin public. Le voleur s'y précipita. Lorsque les deux détectives franchirent à leur tour les grilles du jardin, il s'était évanoui dans la nature.

Francis et Antoine tendirent l'oreille, mais, à part le roucoulement des colombes, le chant du merle moqueur et le toc-toc d'un pivert, tout était parfaitement calme. Pas le moindre bruit de pas sur le gravier des allées. Après avoir fait le tour de chaque arbre et regardé sous tous les bancs, les deux frères s'apprêtaient à fouiller les luxuriants massifs de rhododendrons, quand, tout à coup, un craquement suspect trahit la présence du voleur.

– Rendez-vous, vous êtes cerné ! ordonna l'inspecteur en s'approchant de la cachette, et montrez-nous où vous avez dissimulé la statuette.

– Pas la peine, déclara Francis, je viens de retrouver *Le Madras bleu*.

QUESTION

Où le voleur s'est-il réfugié après avoir caché son butin ?

musée

LA RIVIÈRE DE MADAME DULAC

1

UNE ENTRÉE FRACASSANTE

« ... Après avoir dissimulé la statuette dans un buisson, le voleur avait grimpé dans un arbre, mais un craquement de branches... » dictait Francis à Antoine dans leur lettre aux Malice et Réglisse, lorsqu'un cri d'effroi le fit sursauter.

Par la fenêtre du bureau d'Antoine, ils aperçurent Mme Dulac, la voisine d'en face, qui levait les bras au ciel. Quelques instants plus tard, ils furent près d'elle.

– Quel désastre ! sanglota la vieille dame en montrant son salon dévasté. À midi, je suis sortie faire quelques emplettes. Quand je suis rentrée, à peine une demi-heure plus tard, tout était sens dessus dessous.

Sa voix s'étrangla, elle chancela. Antoine la guida vers un fauteuil, pendant que Francis examinait la porte donnant sur la terrasse.

– Un coup classique. Le cambrioleur a cassé un carreau pour ouvrir la porte de l'intérieur. Il ne faut jamais laisser la clé sur la serrure.

Antoine se tourna vers Mme Dulac pour lui demander gentiment :

– Avez-vous remarqué si des objets ont disparu ?

– Oui, ma rivière de diamants et la montre de gousset de mon défunt mari.

– Chère madame, je suis heureux de vous apprendre que, dans le désordre, l'un des deux objets a échappé à l'attention du cambrioleur.

QUESTION

Quelle découverte Francis vient-il de faire ?

....

12
9

2

ON Y ARRIVE PAR PETITS BOUTS

Quelle ne fut la joie de Mme Dulac, quand Francis lui remit la montre de son mari qu'il avait retrouvée sous la commode ! En les remerciant vivement de lui avoir porté secours, elle raccompagna les deux détectives jusqu'au portail. Ils lui promirent de tout mettre en œuvre pour retrouver son collier.

Or l'affaire s'annonçait difficile. Ni dans la maison de la vieille dame, ni dans le jardin, ils n'avaient trouvé l'ombre d'une piste.

Perdu dans ses pensées, Francis allait envoyer dans le caniveau quelques morceaux de papier éparpillés sur le trottoir, quand son regard se figea. Il se baissa et se mit à les agencer à même le sol.

– Il en manque un bout, dit-il, après avoir reconstitué le puzzle, mais je crois qu'on est sur la bonne voie. Qu'est-ce que tu en penses, Antoine ?

Mais son frère était déjà parti feuilleter l'annuaire dans la cabine téléphonique toute proche. Il ouvrit à la page où figurait le plan des rues de Villeneuve.

– Erreur sur toute la ligne, soupira-t-il, quand Francis le rejoignit. Il n'y a pas de rapport entre ce message et le cambriolage, pour la simple raison que, dans tout Villeneuve, aucun nom de rue ne se termine en – élands.

– Curieux, murmura Francis, pourtant, ce nom me dit quelque chose…

– Mais tu as raison ! s'exclama Antoine après avoir étudié le plan de Seaulieu-sur-Mer qui figurait sur la page en face. La voici, notre rue !

QUESTION

Comment s'appelle la rue en question ?

Rende z-vous
17 h
O.M.
5 rue
élands
rue des Paons
Champs
boulevard Legrand
rue
des Tisserands
rue des Harengs
rue des Merlans
pas des Forbans
rue des Petits-
passage des Éléphants
impasse Partoux
rue des Engoulevents
des Faons
boulevard de Brabant
av. du Maréchal-Ferrant
avenue Anatole-Brillant
Saint-Amand
Place
des Quatre-Vents
impasse Saint-Jean
passage du Temps
rue de Gand
boulevard de Brabant
rue des Églan
rue des Goélands
pas. des Mendiants
Pénitents
allée des
Canal de
quai des Flamands
rue Duzan
passage Peyan
rue du Sergent-Bonenfa
étang
des
Cormorans
chaussée de
avenue Anatole-Brillant
rue du Cheval-Blanc
rue du Ponant
rue du Croissant
rue Camille
Saint-Saens
rue Friand
rue Cinq-Diamants
avenue
du Général
avenue du Tailleur-Vaillant
square
des
Marais-
Salants
chaussée des Géants
Sorty-Durand

3

DU BRIC-À-BRAC EN VRAC

À 17 h 05 précises, Antoine et Francis garèrent leur moto devant le 5, rue des Goélands, à Seaulieu-sur-Mer. « Ô merveilles », annonçait la pancarte au-dessus du magasin de brocante. Francis poussa la porte. Une petite sonnerie grêle retentit. De derrière son comptoir, un homme à l'allure peu avenante toisa les deux frères d'un regard scrutateur.
– Vous êtes bien le propriétaire de ce magasin, monsieur… euh… ?
– Maquignon, Maurice Maquignon. Que puis-je pour vous ?
– Nous voudrions juste vous poser quelques questions.
– À votre service, grommela le brocanteur, dont la mine se renfrognait.
– Nous sommes à la recherche d'un collier de diamants…
– Je vous arrête tout de suite, coupa Maquignon, il y a belle lurette que je ne fais plus dans le bijou de valeur. Trop cher pour les vacanciers. Eux, ce qu'ils demandent, ce sont des babioles à un prix abordable, et j'en ai plein ma boutique, comme vous pouvez d'ailleurs le constater.
– Nous tenons pourtant de source sûre que quelqu'un vous a proposé à la revente une rivière de diamants, pas plus tard que cet après-midi.
– Balivernes ! rugit Maurice Maquignon, qu'est-ce que j'en ferais ?
– C'est exactement la question que nous voudrions vous poser. À vous et à votre complice, car lui et le collier sont bien ici. Ne le niez pas.

QUESTION

Qu'est-ce qui prouve que Francis et Antoine ont vu juste ?

Ô merveilles
Poissonnerie

MALAISE SUR LA FALAISE

1

LE COMPTE N'Y EST PAS !

Mme Dulac était ravie de retrouver sa rivière de diamants que le brocanteur receleur avait accrochée aux dents du chamois empaillé.
Après cette enquête rondement menée, Antoine et Francis décidèrent de s'accorder un moment de détente. Destination : l'île aux Mouettes, où ils avaient passé toutes leurs vacances d'enfance.
Salué bruyamment par un vol de mouettes rieuses, le ferry *Jonathan* accosta à 13 heures dans le petit port de Keud'haran. Par mégaphone, le capitaine rappela aux passagers que le bateau allait repartir à 17 heures précises et leur souhaita un agréable séjour dans l'île.
Pendant que les touristes s'éparpillaient dans les ruelles pittoresques de Keud'haran, Francis et Antoine allèrent piquer un plongeon au cap d'Enfer avant de partager un déjeuner divin à l'auberge du Crabe farceur. Suivit une marche digestive le long de leur plage favorite, où ils avaient fait leurs premiers pâtés de sable et pêché les premières crevettes de leur vie.
Ils furent les derniers à remonter à bord du *Jonathan*. La cloche sonna le départ, les matelots lâchèrent les amarres, quand, soudain, le capitaine s'écria :
– Machines arrière, toutes ! Il manque une personne !
– C'est vrai, dit Antoine en faisant le compte des passagers. Mais qui ?

QUESTION

Comment Francis décrit-il à son frère la personne manquante ?

. . . .

JONATHAN

JONATHAN

2

LE MALFAITEUR N'Y EST PAS ALLÉ AU COMPTE-GOUTTES !

– Tu te souviens de la femme qui était assise à la poupe du bateau ?
– Celle qui tenait son chapeau pour l'empêcher de s'envoler ?
– Oui. Elle était toute seule. Pourvu qu'elle n'ait pas eu un accident !
Laissant le *Jonathan* repartir sans eux, les deux frères commencèrent leurs recherches. Un randonneur, à qui ils firent la description de la passagère disparue, leur fournit un renseignement précieux :
– Une dame pas toute jeune ? Petite, mince, avec un grand chapeau ? Je l'ai croisée sur le chemin de la falaise. On s'est même dit bonjour. Elle allait visiter la grotte des Forbans en passant par la chapelle.
Après une demi-heure de marche soutenue, les deux détectives atteignirent la chapelle. Ni à l'intérieur ni aux abords, il n'y avait âme qui vive.
Pendant que Francis tentait de reprendre son souffle, Antoine avança jusqu'au tournant suivant. Il abrita ses yeux du soleil couchant.
– Francis ! Viens vite, je crois que c'est elle ! cria-t-il d'une voix alarmée.
Il s'agenouilla près de la femme qui gisait sur le bord du chemin.
– Elle respire, dit-il, soulagé, puis son regard s'assombrit. Mais elle ne s'est pas évanouie toute seule, quelqu'un l'a sournoisement anesthésiée.
– En effet, dit Francis, et la crapule en question n'a pas lésiné sur la dose.

QUESTION

À quoi Francis fait-il allusion ?

éther

3

RÈGLEMENT DE COMPTES

L'agresseur avait oublié le flacon d'éther à moitié vide après avoir endormi sa victime. Antoine et Francis se mirent à tapoter doucement les joues de la dame au grand chapeau tout en lui parlant gentiment. Après quelques minutes, elle revint à elle. Apercevant les deux hommes, elle eut un mouvement de frayeur.
– N'ayez pas peur, dit Antoine, en se présentant ainsi que son frère.
– Mais que s'est-il passé ? demanda-t-elle en sanglotant.
– C'est ce que nous aimerions que vous nous racontiez pour retrouver le coupable, dit Francis. Est-ce que vous vous souvenez de lui ?
– Non, tout est allé tellement vite... ou bien si, attendez !... Il était grand, fort, et quand il m'a attrapée, j'ai vu qu'il avait un tatouage, une ancre !
Elle se redressa, regarda à l'intérieur de son sac à main et blêmit :
– Juste ciel ! Il a volé mon porte-monnaie et tous mes papiers !
– Nous allons retrouver vos affaires, et le voleur aussi, soyez-en assurée, madame, et, maintenant, donnez-nous le bras, dit Antoine.
Le retour fut pénible.
Lorsqu'ils débouchèrent enfin par un des passages moyenâgeux sur la grand-place de Keud'haran, Francis murmura :
– Antoine, regarde ! Voici l'individu. Viens, on va aller lui dire deux mots !

QUESTION

L'homme se doute-t-il que son arrestation est imminente ?

. . . .

Bar des Embruns

C'EST DANS LA POCHE !

1

SOUVENIRS DE VACANCES

C'est en rentrant d'Écosse que David, Caroline et Valentin apprirent le nouvel exploit de leurs coéquipiers, qui avaient arrêté le malfaiteur tatoué alors qu'il prenait tranquillement un verre au Bar des Embruns.
Quelques jours plus tard, Caroline décida de terminer la pellicule de son appareil pour pouvoir développer les photos de leurs vacances.
Clic ! David et Robinson étaient dans la boîte. David fit une grimace : il détestait qu'on le prenne en photo.
– Caroline, oublie un peu cet appareil et viens plutôt manger une glace.
Sur le chemin du marchand de glaces, Caroline prit encore deux clichés.
– Vivement que ça se termine ! ronchonnait David.
– Laisse-le tranquille, Caroline, intervint Valentin, sinon il va faire la tête toute la journée.
– D'accord, mais il me reste encore quelques photos à prendre.
– Tu les prendras dans le parc, suggéra Valentin.
Une glace à la réglisse à la main, les trois amis vinrent s'asseoir sur un banc du jardin public. Caroline en profita pour finir sa pellicule et courut ensuite à la chambre noire du « Sucrier » pour la développer. David et Valentin la rejoignirent un peu plus tard et disposèrent les photos sur la table pour mieux les regarder.
– Pas mal, concéda David à contrecœur.
– Tu veux dire génial, oui ! s'exclama Valentin. Caroline nous offre une photo de flagrant délit, et tout ce que tu trouves à dire, c'est « pas mal ».

QUESTION

De quelle photo parle Valentin ?

BAR

2

LE VOLEUR ÉPINGLÉ

Sur la dernière photo prise dans le jardin public, on voyait, en plus des pigeons de la fontaine, un homme en train de dérober un porte-monnaie.
– Dommage qu'il n'ait pas toute sa tête ! plaisanta David.
– On sait au moins qu'il est barbu, protesta Caroline un peu vexée d'avoir mal cadré le voleur.
– Et si l'on agrandissait la photo ? suggéra Valentin, peu convaincu.
Le premier agrandissement fit apparaître une petite tache sombre sur le col de la veste qui intrigua Caroline.
Au second agrandissement, la petite tache se révéla être un insigne qui portait les initiales CN.
– On n'est pas plus avancés, soupira Valentin. Il doit y avoir des milliers de personnes avec ces initiales, de Clément Nougat à Charles Noisette.
– Je crois que Valentin a faim, observa David, arrêtons pour ce soir.
Le lendemain matin, les Malice et Réglisse repartirent pour le jardin public en espérant que le voleur reviendrait sur les lieux de son méfait.
En longeant le port, Caroline manqua de tomber dans l'escalier.
– Attendez-moi ! cria-t-elle à ses amis déjà loin, mon lacet s'est déf…
Elle s'arrêta net avant de reprendre. Ce n'est plus la peine de retourner au parc, je tiens une piste !

QUESTION

Quel est l'indice découvert par Caroline ?

CN
BEA
CLUB
CN
NAUTIQUE

3

IL ÉTAIT UN PETIT NAVIRE…

– Heureusement que mon lacet s'est défait, sinon je n'aurais jamais repéré le sigle CN du Club Nautique, expliqua Caroline à ses amis.
– Allons-y, dit David d'un air songeur, j'ai toujours rêvé d'avoir un bateau rien qu'à moi.
Les Malice et Réglisse descendirent jusqu'au ponton et se dirigèrent vers une baraque du club. Un vieux barbu qui fumait la pipe se tenait à l'entrée.
– Vous avez vu, murmura Caroline, un vieux loup de mer plus vrai que nature.
– Bonjour moussaillons ! Je peux vous aider ?
– Bonjour monsieur ! répondit David. Nous cherchons un homme brun, barbu, qui nous avait proposé de nous montrer son bateau aujourd'hui.
– Ah oui, ce doit être… euh… comment déjà… Par tous les vents ! Je ne me rappelle plus son nom. Il faut dire qu'il ne vient pas très souvent. Il est passé hier, très rapidement, déposer un gros sac de toile avec une tête de mort dessus. Ce doit être pour la fête des pirates, parce que…
– Merci, interrompit Caroline qui avait senti que le vieux loup de mer était parti pour un discours qui pourrait durer des heures. Nous reviendrons une autre fois.
Les Malice et Réglisse s'éloignèrent, déçus de ne pas avoir obtenu d'informations plus précieuses. Alors qu'ils s'apprêtaient à quitter le quai, David aperçut un détail qui lui permit d'identifier le bateau du voleur.

QUESTION

Quel est le nom du bateau du voleur ?

LEA

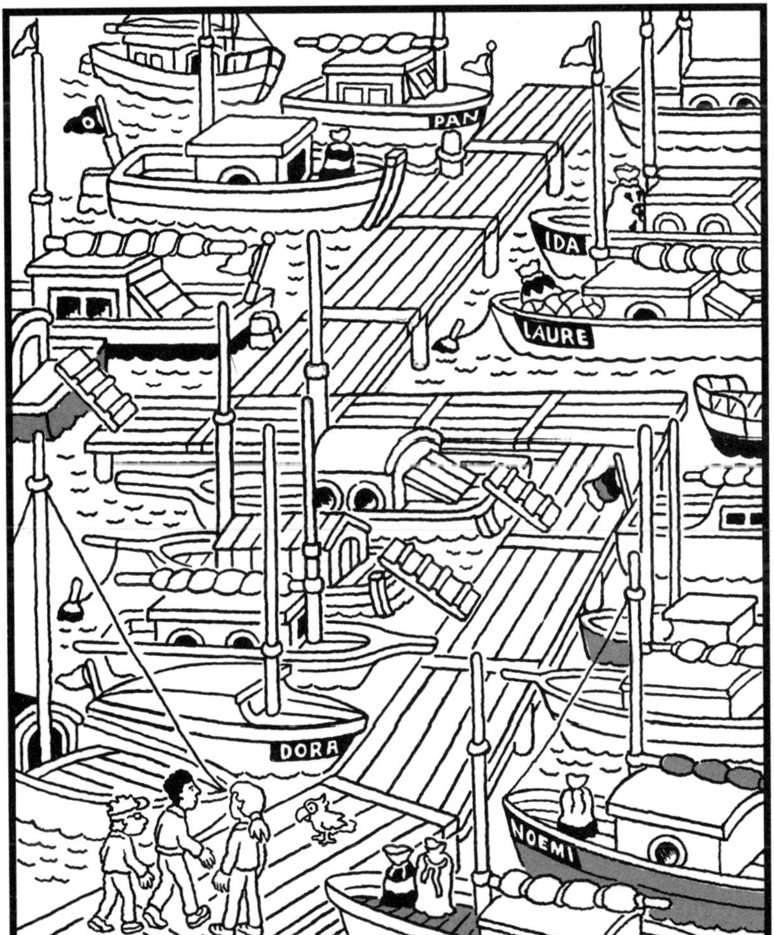
PAN
IDA
LAURE
DORA
NOEMI

4

À FOND DE CALE

David avait repéré le sac à tête de mort dont le vieux marin avait parlé. *L'Ida* était donc certainement le bateau du voleur.
Les Malice et Réglisse se précipitèrent vers le bateau. Le pickpocket n'étant pas là, Caroline et David se risquèrent sur le pont, puis dans la cabine, pendant que Valentin et Robinson faisaient le guet.
Il faisait sombre à l'intérieur du bateau, Caroline dut allumer sa lampe de poche pour chercher des indices. Les deux amis ne trouvaient rien d'intéressant, jusqu'à ce que David trébuche sur le coin d'une trappe dissimulée dans le plancher.
Il l'ouvrit précautionneusement et y découvrit un grand sac. Caroline éclairait David pendant qu'il en inspectait le contenu.
– Cartes de crédit, papiers d'identité... nous sommes sur la bonne piste, murmura-t-il.
Il remit consciencieusement le sac à sa place, referma la trappe et sortit rejoindre Caroline sur le pont. Celle-ci résumait la situation à Valentin.
– Qu'est-ce qu'on fait maintenant ? demanda David. On ne va quand même pas attendre qu'il rentre : le vieux marin a dit qu'il ne venait pas souvent.
– Ça n'a pas d'importance, annonça fièrement Valentin, je suis sûr qu'on le reverra bientôt, et je peux même vous dire où.

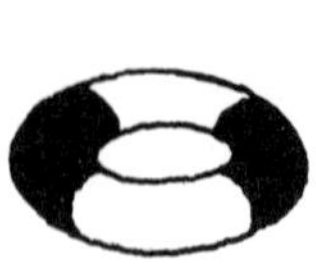

QUESTION

Comment Valentin sait-il où retrouver le pickpocket ?

Vendredi
bal des Pirates
au Club
nautique
IDA

5

LE BAL DES PIRATES

Pendant que David et Caroline fouillaient le bateau, Valentin avait découvert une affiche annonçant un bal costumé sur le thème des pirates, vendredi soir au club nautique.

Ce soir-là, les Malice et Réglisse se rendirent donc au club nautique pour tâcher de retrouver le voleur.

– On aurait dû se déguiser, regrettait Caroline devant le spectacle de tous les gens costumés.

– Avec Robinson sur l'épaule, je n'ai pas besoin de costume, plaisanta David.

– Est-ce que vous le voyez ? demanda Valentin.

– Oui, répondit David, à moins qu'il y ait plusieurs barbes noires dans la salle, cette fois, nous le tenons.

Les Malice et Réglisse se postèrent à différents endroits, autant pour ne pas trop attirer l'attention que pour ne pas perdre le pickpocket de vue lorsqu'il s'en irait. Valentin était le plus près de la porte du club, guettant les moindres allées et venues. Il se faisait tard, les membres du club commençaient à rentrer chez eux, mais le voleur semblait décidé à faire la fête jusqu'au bout.

Les trois amis commençaient à s'impatienter.

N'y tenant plus, Valentin s'approcha discrètement du club : le voleur avait disparu ! Aussitôt, Valentin alerta David et Caroline.

QUESTION

Par où le voleur s'est-il enfui ?

1895
CLUB NAUTIQUE

6

CHASSE À LA MOUETTE

– On aurait pu attendre encore longtemps, commentait Valentin. Heureusement que je l'ai vu s'enfuir par le canal !
– Est-ce que tu as eu le temps de remarquer un détail important, un indice susceptible de nous aider ? demandait anxieusement David.
– Tout ce que je sais, c'est qu'il a pris une barque qui s'appelle *La Mouette*.
Les Malice et Réglisse se lancèrent à la poursuite de *La Mouette*, ce qui n'était pas facile, parce qu'il faisait nuit noire et que, à pied, ils étaient contraints à de nombreux détours. Ils passaient en courant d'un pont à un autre, apercevant *La Mouette* au détour d'une rue, mais la barque prenait de plus en plus d'avance.
– Peut-être que le vieux marin lui a dit que nous étions à sa recherche et qu'il se méfie maintenant, imaginait Caroline.
Ils débouchèrent sur un nouveau pont et s'arrêtèrent un instant, cherchant la barque du regard. Disparue !
– Cette fois, il nous a semés, rageait David.
Ils étaient dans le quartier des vieux entrepôts à grain. On n'entendait, à cette heure tardive, que le doux clapotis de l'eau du canal et quelques chats qui s'appelaient.
– Après le mal qu'on s'est donné, c'est trop injuste, protestait Valentin.
– J'espère que vous avez encore un peu de souffle, les garçons, parce que je viens de voir *La Mouette* ! s'exclama Caroline, qui repartit en courant.

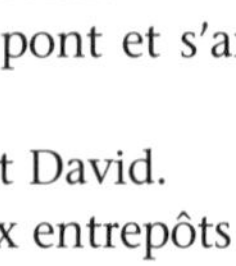

QUESTION

Où se trouve *La Mouette* ?

TAUFEUX
FRERES
TTE

7

BRUITS DE COULOIR

On pouvait voir l'avant de *La Mouette* juste devant l'entrepôt Taufeux Frères. La barque ne bougeait pas, le voleur avait dû l'amarrer.

– Dépêchons-nous ! pressait David, il doit déjà être descendu de la barque.

Les Malice et Réglisse coururent le plus vite possible jusqu'à *La Mouette* qui était effectivement vide. Un bruit de pas les fit sursauter.

– Vite, cachons-nous ! chuchota Caroline en poussant ses amis dans l'ombre d'une porte cochère.

Le voleur passa devant eux sans les voir, puis se dirigea vers un distributeur de friandises. David avait sorti ses jumelles et l'observait.

– On dirait que notre homme a un faible pour les pastilles à la menthe…

Après avoir acheté un paquet de bonbons, le voleur entra dans un immeuble faiblement éclairé. Avec la plus grande précaution, les trois amis s'engouffrèrent à sa suite et le suivirent jusqu'au palier du premier étage. Un peu en retrait, ils écoutaient une conversation entre le voleur et une vieille dame qui devait être sa logeuse.

– Voici mon loyer pour le mois dernier, disait le barbu. Je suis désolé de mon retard, mais les affaires n'ont pas été très bonnes ces derniers temps.

Caroline suffoquait.

– Quel culot !

– Surtout pour un homme aux ressources si variées, ajouta David.

– Qu'est-ce que tu veux dire ? fit Valentin qui n'avait pas saisi l'allusion.

QUESTION

Qu'est-ce que David sous-entend par « ressources variées » ?

…………………………………………………………………………………………

8

AU TRAVAIL !

Une fois dehors, David s'expliqua à ses amis.
– Notre pickpocket a fait ses provisions pendant la fête des pirates. Pour payer ses pastilles à la menthe, il a sorti un portefeuille blanc et pour régler son loyer, un noir. C'est ce que j'appelle avoir des ressources variées.
– Comment va-t-on s'y prendre pour le faire arrêter ? demanda Valentin.
– Il a dit à sa logeuse de le réveiller à 9 heures, rappela Caroline, nous reviendrons demain matin avec Antoine et Francis.
Mis au courant de l'affaire, Francis et Antoine conseillèrent d'attendre que le voleur soit en situation de flagrant délit pour l'arrêter.
C'est ainsi que, le lendemain matin, la bande des Malice et Réglisse au grand complet se retrouva devant l'immeuble de la veille, prête à commencer la filature.
L'homme sortit vers 9 h 30 et s'engagea dans les petites rues du quartier des entrepôts. Obligés de garder une certaine distance, les Malice et Réglisse finirent par le perdre de vue en arrivant à la gare routière.
– Décidément, c'est une véritable anguille, se lamentait Caroline, il passe son temps à nous filer entre les doigts.
– Réfléchissons, recommanda Valentin, il ne doit pas être très loin, il y a plein de monde ici, c'est un endroit idéal pour un pickpocket.
– Je pense que notre barbu a d'autres projets pour la matinée, annonça David.

QUESTION

Quels sont les projets du pickpocket ?

....

BAR
St JEAN
St JEAN
PORT
PORT
GARE
GARE

9

LA BARBE !

Valentin avait vu juste, le voleur aimait exercer dans des lieux très fréquentés mais, ce matin-là, il n'était pas intéressé par la gare routière. Il était juste venu prendre le bus pour se rendre à la cathédrale Saint-Jean au centre-ville. Les Malice et Réglisse le suivirent en taxi jusqu'à la place de la Cathédrale, où ils continuèrent à pied. Le voleur regardait avec convoitise les gros cars stationnés autour de la place qui déversaient leur flot de touristes aux poches bien garnies. Il cherchait les proies les plus faciles et finit par se décider pour un groupe de retraités en pleine visite guidée. Il profita de l'exposé sur l'histoire du duc Raoul Ier pour dépouiller une vieille dame, plus coriace qu'il ne l'avait cru.

– Au voleur ! hurla-t-elle furieuse.

Échappant de justesse à un bon coup de parapluie, il s'enfuit à toutes jambes et redoubla de vitesse lorsqu'il vit que toute la bande des Malice et Réglisse était à ses trousses.

– Arrêtez-le ! Arrêtez-le ! s'égosillait Caroline, mais personne ne réagit, et le voleur leur échappa de nouveau.

Profondément découragés, persuadés qu'ils ne le retrouveraient jamais, les Malice et Réglisse s'arrêtèrent devant le portail de la cathédrale.

– Il est trop fort pour nous, articula David, qui essayait de reprendre son souffle.

– Parle pour toi, corrigea Valentin, moi je sais qu'il est passé par ici, et qu'il y a de fortes chances qu'il soit entré dans la cathédrale.

QUESTION

Comment Valentin sait-il que le voleur est passé par là ?

10

UN CAS DE CONSCIENCE

Valentin se dirigea vers une poubelle et en retira une belle barbe postiche.
– Il nous a bien eus, admit Caroline, mais il ne s'en tirera pas comme ça.
Les Malice et Réglisse entrèrent dans la cathédrale.
– Sans barbe et dans cette pénombre, on va avoir du mal à le retrouver, chuchota David.
Ils décidèrent de se séparer pour inspecter les moindres recoins de la cathédrale. Après avoir rappelé Robinson à l'ordre, David alla se poster près de la sortie. Caroline se chargea de monter jusqu'à l'orgue qui diffusait une douce musique. Francis s'assit sur un banc dans une attitude de méditation, Valentin examina discrètement l'autel, puis la chaire, pendant qu'Antoine déambulait dans les travées.
Au bout de vingt minutes de recherches infructueuses, les Malice et Réglisse, à l'exception d'Antoine qui faisait un dernier tour d'inspection, se retrouvèrent près de la sortie.
– Il n'a pas dû entrer ici, conclut Francis, sinon nous l'aurions déjà trouvé.
– Désolé de te contredire, mon cher Francis, mais notre voleur est bel et bien là, interrompit Antoine qui venait de les rejoindre et, cette fois, je vois mal comment il pourrait nous échapper.

QUESTION

Où le pickpocket s'est-il dissimulé ?

COURSE CONTRE LA MONTRE

1

MYSTÉRIEUSE DISPARITION

Les Malice et Réglisse faisaient la queue pour acheter des places pour la course de chevaux qui devait avoir lieu ce matin-là. Caroline patientait en feuilletant le journal.
– Hé ! Écoutez-moi ça, un peu ! Elle se mit à lire à voix haute : « Les Malice et Réglisse réussissent à arrêter un pickpocket caché dans le confessionnal de la cathédrale… »
– Trois places, s'il vous plaît, interrompit David qui était arrivé à la caisse.
Billets en poche, les trois amis se dirigeaient vers le champ de courses, lorsque Valentin s'arrêta brusquement à la hauteur des écuries.
– Vous avez entendu ?
Avant même que Caroline et David aient pu lui demander des précisions, Valentin les entraînait derrière la porte d'un box, d'où ils pouvaient épier deux hommes en pleine conversation.
– Je ne comprends pas comment cela a pu se produire, demandait un homme, une canne à la main.
– Ils ont tout simplement forcé le verrou, lui répondit le garçon d'écurie.
Ce qui est curieux, c'est qu'il se soit laissé faire.
– Si je ne le retrouve pas avant samedi, je suis ruiné ! Je comptais tellement sur cette victoire ! se lamentait le propriétaire du cheval disparu.
– Il ne nous reste plus qu'à chercher de quel cheval il s'agit, chuchota David.
Les trois amis firent le tour des box, jusqu'à ce que Valentin découvre le nom du cheval manquant.

QUESTION

Comment s'appelle le cheval volé ?

AJAX
JUNON

EOLE
PAN
APOLLON
ALI
POLO
DINO
ROMEO
GALA
VICO
VENUS

2

À LA CHASSE AUX INDICES

Le seul box vide était celui d'Apollon. Le cadenas avait été brisé, et les battants de la porte étaient restés ouverts.
– Qu'est-ce que vous faites-là ?
Les trois amis sursautèrent. Le propriétaire du cheval avançait sur eux, furieux. David se dépêcha de se présenter, ainsi que ses amis. Le propriétaire d'Apollon prit alors un ton beaucoup plus sympathique.
– Vous êtes les fameux Malice et Réglisse ! Enchanté, je suis Charles Rosenberg. Veuillez m'excuser d'avoir été désagréable, mais on a volé mon cheval cette nuit…
– Nous le savons, l'interrompit Caroline.
– Comment êtes-vous au courant, je viens moi-même d'apprendre sa disparition ?
– Secret professionnel, répondit Valentin en souriant.
M. Rosenberg sortit fièrement de sa poche une photo montrant un beau cheval blanc.
– Elle a été prise il y a quelques jours. Vous pensez que vous pouvez m'aider à retrouver Apollon ?
– Nous ferons de notre mieux, répondit Caroline et, si vous le permettez, nous allons commencer par inspecter le box avant qu'il ne soit nettoyé.
Les trois amis se mirent à retourner la paille avec une fourche chacun leur tour. Ils s'apprêtaient à renoncer, lorsque David prit un air triomphant.
– On dirait que le voleur nous a laissé un petit souvenir piquant…

QUESTION

Qu'est-ce que David a découvert ?

3

À LA CASSE

Il s'agit sans doute d'un anesthésique, conclut le vétérinaire, à qui David avait confié la seringue découverte dans la mangeoire du cheval.

– Ce qui explique comment Apollon a pu être enlevé aussi facilement, ajouta Caroline.

La police, alertée par M. Rosenberg, arriva rapidement et commença à relever les empreintes.

Voyant qu'ils n'avaient plus rien à faire dans le box, les Malice et Réglisse décidèrent de reprendre leurs bicyclettes pour inspecter les environs. En arrivant sur la route principale, ils découvrirent des traces de pneus dans le revêtement qui venait d'être refait.

– Je suis prêt à parier que ces marques profondes viennent du véhicule des voleurs, lança David. Dans leur précipitation de cette nuit, ils n'ont pas dû voir que la route était en travaux.

Les trois amis suivirent les empreintes qui s'arrêtaient quelques mètres plus loin. En continuant dans la même direction, ils arrivèrent bientôt à la casse Heurole & Fils.

– Peut-être que les malfaiteurs ont cherché à se débarrasser de leur véhicule, suggéra Caroline. Allons voir !

Alors qu'elle interrogeait M. Heurole junior et que David se dirigeait vers une montagne de vieilles voitures, Valentin repéra un véhicule qui semblait correspondre à leurs déductions.

QUESTION

Où est le véhicule que Valentin a vu ?

TRAVAUX

TI-X31
HEUROLE & FILS

4

À BICYCLETTE

Valentin avait aperçu un van derrière une pile de vieux pneus. Mais ce n'était pas le bon, puisque les pneus ne portaient pas de trace de goudron. Profondément déçus, les trois amis décidèrent de rentrer chez eux et de reprendre l'enquête le lendemain après l'école.

Dès la fin des cours, les Malice et Réglisse se jetèrent sur leurs bicyclettes pour retourner dans le quartier où ils avaient perdu la piste des voleurs. Or, ils eurent beau inspecter toutes les rues du secteur, ils ne trouvèrent pas un seul indice. Ils décidèrent enfin d'abandonner les recherches.

Sur le chemin du retour, Caroline tentait désespérément de changer le sujet de la conversation.

– Vous saviez que le chat de Mme Michel s'était encore sauvé ?

C'était peine perdue, personne ne lui répondit.

– Ils n'ont quand même pas pu s'évanouir dans la nature sans laisser de traces ! s'exclama David.

– Tu as tout à fait raison, confirma Valentin avec un large sourire.

QUESTION

Pourquoi Valentin est-il de si bonne humeur ?

9
7

5

SILENCE DE MORT AU N° 9

Valentin avait découvert une selle de cheval sur la rambarde de la véranda du 9, de la rue des Fourrés. Les Malice et Réglisse se faufilèrent jusqu'à l'entrée de la maison par le jardin laissé à l'abandon.
Robinson faisait le guet depuis la véranda. Personne ne les avait remarqués.
Il faut dire que la maison semblait abandonnée depuis longtemps : de nombreux détritus jonchaient le sol, et les plantes n'avaient pas été arrosées depuis longtemps.
– Je vais quand même sonner à la porte, proposa David, on ne sait jamais.
Il monta les quelques marches jusqu'à la porte d'entrée puis chercha en vain un nom sur la boîte aux lettres. Il se décida enfin à sonner. Le timbre de la sonnerie retentit à l'intérieur mais personne ne vint ouvrir. David essaya de nouveau. Toujours pas de réponse.
– Ce n'est pas la peine d'insister, dit Valentin en donnant un coup de pied dans une vieille canette vide, il est clair que personne n'habite plus ici.
– Tu viens, Caroline, on s'en va, ajouta David.
Perdue dans ses pensées, Caroline ne répondit pas.
– Allez, tu vois bien qu'il n'y a personne ici, insista David.
– Tu en es sûr ? demanda-t-elle.

QUESTION

Qu'est-ce qui prouve que la maison est habitée ?

9

6

MOINS UNE !

Caroline avait remarqué la pendule, dont le balancier était en mouvement. Quelqu'un l'avait donc remontée récemment. Après avoir fait le tour de la maison, Caroline et David se glissèrent à l'intérieur par une fenêtre ouverte et montèrent sans faire de bruit au premier étage, où ils fouillèrent les moindres recoins. David s'impatientait.

– Caro ! Ce n'est vraiment pas le moment de lire le journal !

– Eh bien si, justement ! Écoute : « Le jockey Ducaillou arrêté pour dopage. » Et devine qui a découvert le scandale...

– M. Rosenberg ?

– Exactement. Autrement dit, Ducaillou a cherché à se venger de...

– Chut ! coupa David.

On pouvait entendre des pas au rez-de-chaussée.

– Il est temps de partir d'ici ! reprit David.

Ils redescendirent le plus silencieusement possible, terrorisés à l'idée d'être découverts. L'homme qui était entré parlait au téléphone, mais les deux amis ne s'attardèrent pas à épier la conversation et profitèrent de ce qu'il avait le dos tourné pour filer.

Une fois dehors, ils se ruèrent sur Valentin.

– Tu es fou ! Pourquoi tu ne nous as pas prévenus que quelqu'un entrait ?

– Mais je n'ai vu personne ! Et, pourtant, je n'ai quitté des yeux ni la porte ni la fenêtre par laquelle vous êtes entrés.

– Je pense que je sais par où il est passé, dit tout à coup David.

QUESTION

Qu'est-ce que David a découvert ?

9

7

NOUVELLE IMPASSE

Il y avait au fond du jardin une entrée de cave par laquelle on pouvait rejoindre le rez-de-chaussée.

– Résumons, reprit David sur le chemin du retour. Au téléphone, Ducaillou a demandé un certain Laigri.

– Oui, poursuivit Caroline, Alfred Laigri. Il a rendez-vous avec lui dans trois jours, mercredi, à 10 heures. Il a parlé d'une récompense pour service rendu, ou quelque chose comme ça.

– Il faudrait qu'on puisse les surprendre ensemble, conclut Valentin.

Pour les surprendre tous les deux, encore fallait-il mettre la main sur Alfred Laigri, ce qui n'était pas une mince affaire.

Le lendemain, au « Sucrier », les trois amis commencèrent par consulter l'annuaire. Il y avait en tout sept Laigri, mais seulement trois dont le prénom commençait par A.

Caroline composa le premier numéro et demanda à parler à M. Laigri.

– Arthur ? fit une voix criarde, il n'est pas là, rappelez plus tard.

Il ne restait plus que deux Laigri en lice, mais aucun des deux ne répondit au téléphone. Il fallait donc se rendre sur place.

Les Malice et Réglisse commencèrent par l'adresse la plus proche de leur quartier général : le 5, de la rue du Soucy. Arrivé devant la porte, Valentin poussa un soupir.

– Encore raté ! Il y a bien un Laigri, mais ce n'est malheureusement pas le nôtre.

QUESTION

Qu'est-ce qui prouve qu'Alfred Laigri n'habite pas là ?

....

5
C. Tissy
Lerat
Deraix
Rosay
L.Deraix
A.Rosay
B.Quille
P.Müller
F.Lerat
Quille
Albert
Laigri
Porte
au fond

8

ROBINSON CHEZ LES POULES

Il s'agissait en effet d'Albert et non pas d'Alfred Laigri, comme l'indiquait le petit écriteau derrière la fenêtre de droite.
Il était maintenant trop tard pour se rendre à la dernière adresse ; les Malice et Réglisse reportèrent donc leur visite au lendemain.
Tout de suite après l'école, ils enfourchèrent leurs bicyclettes pour rendre visite au dernier des Laigri, qui habitait un peu en dehors de la ville.
– C'est là ! s'exclama Valentin, au moment où ils passaient devant une vieille ferme délabrée. Pas très engageant.
Les trois amis dissimulèrent leurs bicyclettes derrière un bosquet et se dirigèrent vers la grange en espérant y découvrir Apollon.
– Fichez-moi le camp, sales mômes ! leur cria un homme qui les épiait depuis une petite fenêtre. Vous n'avez rien à faire ici !
Terrorisé, David balbutia des excuses en expliquant qu'ils s'étaient perdus et qu'ils voulaient juste demander le chemin de la ville.
– À gauche, et toujours tout droit. Et, maintenant, déguerpissez !
– Sympathique, ce Laigri, marmonna Valentin.
– Ne restons pas là, conseilla David ; de toute façon, il n'y a que des poules, ici.
– C'est ce qu'on va voir, répondit Caroline.

QUESTION

Y a-t-il des indices de la présence d'un autre animal ?

9

LES MALFRATS FONT LEUR MARCHÉ

Des empreintes de fers avaient renforcé les soupçons de Caroline à l'égard de Laigri. Après s'être assurés que ce dernier ne les observait plus, les Malice et Réglisse reprirent leurs recherches.

Derrière une des portes de la grange, ils découvrirent un véhicule pour le transport des chevaux. Valentin inspecta les pneus : ils présentaient des traces de goudron !

Le filet se resserrait autour de Laigri. Il restait maintenant à apprendre où allait se dérouler l'échange prévu entre Ducaillou et Laigri, pour les surprendre ensemble et prouver leur complicité.

– On ne peut pas suivre Laigri, il nous reconnaîtrait tout de suite, signala Caroline.

– Robinson, nous allons avoir besoin de toi, proclama David à son cacatoès, qui était tout heureux d'être le nouveau centre d'intérêt.

L'oiseau se prêta de bon gré aux préparatifs de la filature prévue. David lui attacha à la patte un microémetteur qui permettait de le suivre grâce à un récepteur placé dans la voiture d'Antoine.

Le lendemain, Robinson fut lâché à la poursuite du camion de Laigri, suivi à distance par toute l'équipe des Malice et Réglisse, Francis et Antoine compris. Après une demi-heure de route, ils arrivèrent à une place de marché, où Robinson vint les rejoindre aussitôt. David était affligé.

– Oh non, Robinson ! Pourquoi tu n'es pas resté avec Laigri ? Comment veux-tu qu'on le retrouve, maintenant ?

– Ne t'inquiète pas, le rassura Caroline, je sais où il est.

QUESTION

Où se trouve Alfred Laigri ?

Auberge
du CYGNE
noir

10

FAUX-SEMBLANT

Laigri et Ducaillou étaient en pleine transaction à côté de l'auberge du Cygne noir. Un peu à l'écart, les Malice et Réglisse suivaient attentivement l'échange entre les deux complices.

Attiré par un bol de cacahouètes oublié sur une des tables de l'auberge, Robinson ne put résister à la tentation et s'approcha dangereusement des malfaiteurs. Laigri le reconnut tout de suite.

– C'est le cacatoès de ces sales gamins qui sont venus fouiner chez moi !

– Séparons-nous, conseilla Ducaillou, ils sont peut-être sur notre piste.

Les Malice et Réglisse se lancèrent à la poursuite des deux hommes, mais Ducaillou parvint à se fondre dans la foule.

Ils décidèrent alors de suivre Laigri, qui avait vite rejoint son camion. Ils roulaient derrière lui à bonne distance et faillirent bien le perdre de vue, lorsqu'il emprunta un petit chemin de terre qui menait à un hangar désaffecté.

Laissant la voiture, les Malice et Réglisse franchirent discrètement les derniers mètres qui les séparaient de Laigri. Disparu !

Il n'y avait sous le hangar qu'un beau cheval tacheté et quelques outils agricoles.

– Dommage que ce ne soit pas Apollon, regretta Caroline.

– Je crois que tu vas avoir une bonne surprise ! annonça Valentin.

QUESTION

Que Valentin veut-il dire par là ?

11

ATTENTION, PEINTURE FRAÎCHE !

Valentin passa la main sur la robe du cheval pour montrer que les taches avaient été peintes récemment. Il avait compris la supercherie en voyant le pot de peinture mal dissimulé.
– Laigri aura eu peur qu'on le surprenne, et il aura maquillé Apollon en pensant qu'on ne le reconnaîtrait pas, affirma Caroline. Dommage que ce bandit nous ait échappé.
– Assez joué ! Tout le monde les mains en l'air !
Alfred Laigri se tenait en haut du tas de paille, un pistolet à la main.
– Je vais vous apprendre à vous mêler de ce qui ne vous regarde pas !
Le malfaiteur commença à descendre par une échelle, en les menaçant toujours de son arme.
N'écoutant que son courage, Francis se jeta sur l'échelle. Déséquilibré, Laigri tomba sur le tas de foin. Antoine récupéra le pistolet qui avait échappé au bandit dans sa chute et le pointa sur lui.
– On dirait que la chance a tourné, M. Laigri. Je vous arrête pour le vol du cheval de M. Rosenberg.
– Cheval ? Quel cheval ? De quoi parlez-vous ?
– Ne faites pas l'innocent, M. Laigri. Vous savez très bien de quoi il s'agit...

QUESTION

Antoine a-t-il une preuve de ce qu'il avance ?

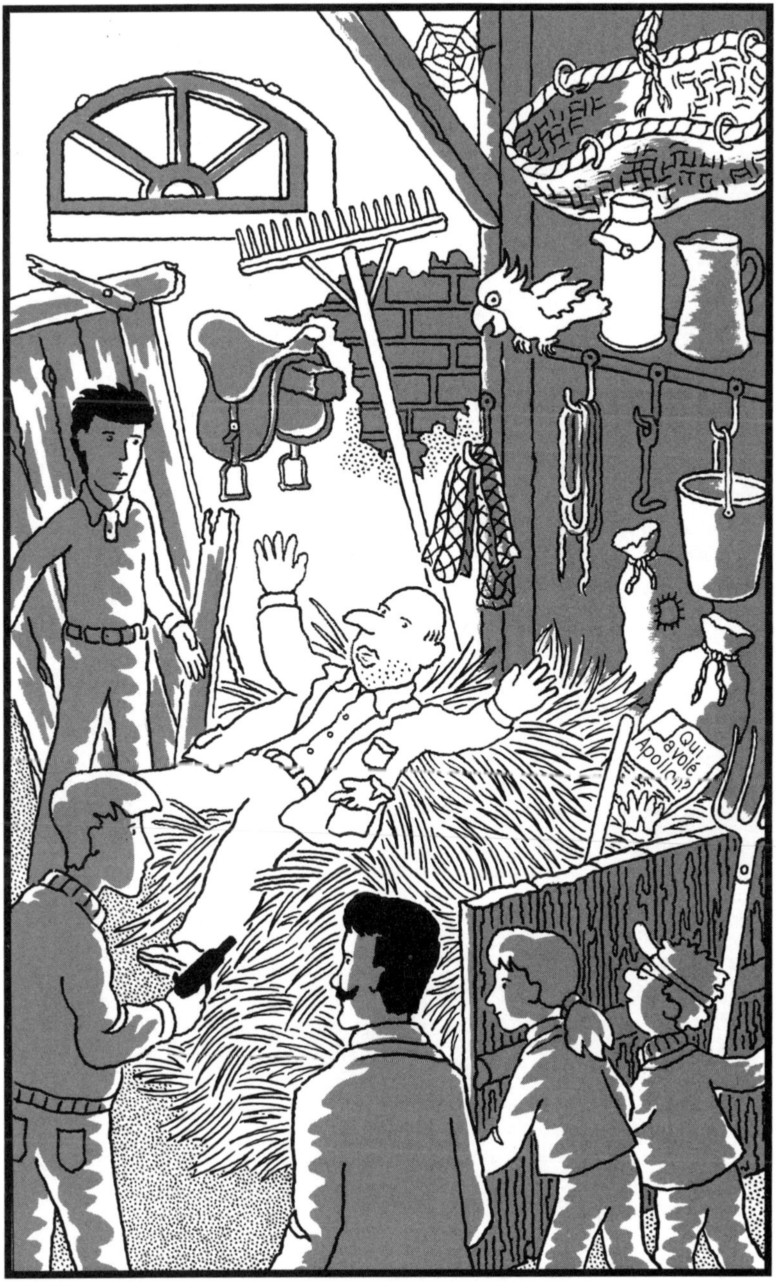
Qui
a volé

12

RÉCIDIVE

Trahi par le titre du journal qui se trouvait sur le tas de foin, Laigri se rendit finalement sans résistance. Apollon put retourner dans son écurie. Quant à Ducaillou, il n'était évidemment plus chez lui lorsque la police vint pour l'arrêter.
– En voilà un qui s'en sort bien, commenta David.
– On a peut-être encore une chance de lui mettre la main dessus…
– Comment ? demanda Valentin.
– La course de chevaux a lieu demain matin, reprit Caroline, et je suis à peu près sûre que Ducaillou va tout faire pour qu'Apollon ne puisse pas y participer.
– Tu crois qu'il serait assez fou pour retourner aux écuries ? s'étonna David.
– Je pense qu'il est prêt à prendre tous les risques pour se venger de M. Rosenberg.
Les Malice et Réglisse demandèrent au propriétaire du cheval de ne pas faire garder le box cette nuit-là, afin de pouvoir prendre Ducaillou sur le fait. Ils se placèrent ensuite en retrait du box pour pouvoir voir sans être vus. À neuf heures et demie du soir, ils commençaient à s'impatienter.
– J'espère que ton plan va marcher, dit Valentin entre deux bâillements.
– Ça mord ! chuchota David.
Une ombre venait de se faufiler dans le box d'Apollon après avoir fait sauter le cadenas. Les trois amis entrèrent à leur tour dans le box, où ils surprirent Ducaillou en pleine action pour saboter la course du lendemain.

QUESTION

Comment Ducaillou voulait-il empêcher la participation d'Apollon à la course ?

EOLE
PAN
APOLLON

QUE LE SPECTACLE COMMENCE !

1

C'EST REPARTI POUR UN TOUR !

– Je ne sais pas ce que je serais devenu sans vous, avoua M. Rosenberg, dont le cheval Apollon venait de remporter la course. Vous êtes vraiment des détectives hors pair ! Quand je pense que Ducaillou a essayé de trafiquer un des fers d'Apollon… Enfin, je pense qu'il aura tout le temps d'y réfléchir en prison.

M. Rosenberg n'était pas au bout de ses surprises. Au cours de son interrogatoire, Ducaillou mit clairement en cause une écurie concurrente. Elle l'avait payé pour qu'il s'assure qu'Apollon ne puisse en aucun cas remporter la victoire.

Pour fêter ce beau coup de filet dans le milieu hippique, les Malice et Réglisse décidèrent d'aller goûter au Palais de la Glace, qui proposait toutes les variétés imaginables de crèmes glacées. David commanda de la glace à la réglisse pour lui, une crème glacée au chewing-gum pour Valentin et un sorbet de carottes pour Caroline, qui était allée se laver les mains aux toilettes.

– Si Caroline ne se dépêche pas, fit remarquer Valentin, les carottes seront cuites !

– Très drôle, commenta David, tout en laissant Robinson profiter de sa gaufrette. La voilà, justement.

– Je vous parie une deuxième tournée de glaces que j'ai trouvé une nouvelle affaire pour les Malice et Réglisse ! J'ai surpris une conversation très intéressante, tout à l'heure.

– Aux toilettes ?

– Mais non, Valentin, réfléchis un peu, répondit David.

QUESTION

Où Caroline a-t-elle pu surprendre cette conversation ?

2

LE COUP DU CRAYON

En allant aux toilettes, Caroline était passée près des cabines téléphoniques. Intriguée par les propos d'une femme dans celle du milieu, elle avait fait semblant de téléphoner de la cabine voisine pour pouvoir écouter discrètement la conversation en cours.
David et Valentin bouillaient d'impatience.
– Raconte ! demandèrent-ils en chœur.
Caroline sortit un papier de sa poche et leur lut les notes qu'elle avait prises dans la cabine.
– « Tout est fin prêt… tous les dossiers secrets, comme convenu… Veillez à ne pas être suivi. »
Caroline s'interrompit brusquement et retourna en courant vers les cabines téléphoniques. Elle entra dans celle du milieu et en rapporta le bloc-notes.
– Son interlocuteur lui a donné rendez-vous, mais je n'ai pas pu entendre quand. Elle l'a certainement noté là-dessus.
– Et comment tu vas faire pour savoir ce qu'elle a écrit ? interrogea David.
Pour toute réponse, Caroline prit un crayon à papier et noircit légèrement la feuille. Quelques mots apparurent comme par magie.
– « Alix, 18 h 15 ». Vous croyez que c'est un nom de code ? demanda Valentin, une fois dans la rue.
– Pas tout à fait, répondit David, énigmatique.

QUESTION

Quelle piste David a-t-il découverte ?

Alix
18h15

BAR
chez Armand
ADI
ALIX
Anne

3

TOUS SUR LE PONT

Le hasard fit que, au moment où les trois amis s'interrogeaient sur l'identité d'Alix, David vit précisément passer un matelot qui portait ce prénom sur le ruban de son calot.

Peut-être qu'Alix n'était pas le nom de celui avec qui la femme de la cabine avait rendez-vous, mais plutôt celui du bateau où ils devaient se rencontrer ?

Sans une seconde d'hésitation, les Malice et Réglisse décidèrent de suivre cette piste. Arrivés au port, ils remontèrent un à un les quais à la recherche d'Alix. Six heures venaient de sonner lorsqu'ils tombèrent nez à nez avec la proue du navire qui portait ce nom.

– Vite, il faut arriver avant eux, pressa Valentin.

Les trois amis se hissèrent discrètement sur le pont.

– Personne, chuchota David. Il y a de la lumière dans la cabine, là-bas, ils sont peut-être à l'intérieur.

À peine avait-il fini sa phrase qu'un bruit de pas se fit entendre sur le pont.

– Tous aux abris, ordonna Caroline.

Malheureusement, toutes les cachettes possibles étaient verrouillées.

– Suivez-moi, j'ai trouvé ! lança Valentin.

QUESTION

Où Valentin emmène-t-il ses amis ?

....

ALIX

4

MESSAGE CODÉ

Valentin conduisit ses amis au canot de sauvetage dans lequel ils montèrent à toute vitesse. Ils attendirent de longues minutes que le bruit des pas s'éloigne.

Une fois le silence revenu sur le pont, les Malice et Réglisse tentèrent une sortie. Ils s'approchèrent de la fenêtre éclairée qu'ils avaient repérée auparavant. Prenant garde de ne pas se laisser surprendre une nouvelle fois, ils observaient ce qui se passait à l'intérieur.

Un homme assis, devant son ordinateur, était occupé à lire un message. Les trois amis pouvaient distinguer les séries de lettres, mais ils ne parvenaient pas à en comprendre le sens.

– Pas de chance, soupira Caroline, c'est un message codé.

David avait sorti de quoi écrire et recopiait scrupuleusement le texte du message. Il venait de noter la dernière lettre, quand l'homme dans la cabine éteignit son ordinateur.

Les Malice et Réglisse se replièrent immédiatement vers le « Sucrier », où ils tentèrent de déchiffrer le message. Deux heures plus tard, ils n'avaient toujours pas réussi.

– Il y a forcément une logique dans ce texte, dit Valentin, en fronçant les sourcils. Il faudrait réussir à faire le tri entre les lettres qui servent juste à brouiller la lecture et celles qui composent le vrai message.

– Quel casse-tête ! se lamentait David, et, si ça se trouve, j'ai oublié des lettres !

– Je ne crois pas, corrigea Caroline en souriant, et elle s'apprêta à leur dévoiler le message qu'elle avait découvert.

QUESTION

Que disait le message codé ?

TRMKLITRSQRS
PIIDEONINPODILO
MISPBSTRIEREO
PRRISDNXLQDCB
ETEMLAAPIITIN
LISIRODTIIERT
TRMKLITRSQRSPII
DEONINPODILOMISP
BSTRIEREOPRRISD
NXLQDCBETEMLAA
PIITINLISIRODTIIER
TRCFROPQNRSSRTU
ARLITALTTTIDIUIETS
BIMHFEDANQBIKBE

DOCUMENTS X

– Il fallait, en fait, partir de la troisième lettre et n'en lire qu'une sur trois, expliqua Caroline, ce qui donne : « Mission dossiers X demain soir consulat d'Isménie. »

C'est ainsi que, le lendemain soir, les trois amis se rendirent de bonne heure au consulat d'Isménie. Les grilles de l'entrée étaient déjà fermées. Les escalader eut été trop dangereux, ils durent chercher un autre moyen de savoir ce qui allait se passer à l'intérieur.

En faisant le tour du bâtiment, ils aperçurent un arbre, dont les branches donnaient sur une des fenêtres du consulat. Ils y grimpèrent tous les trois. La vue était imprenable, mais il n'y avait malheureusement pas grand-chose à voir pour le moment. Les Malice et Réglisse étaient dans l'arbre depuis trois longs quarts d'heure, se demandant s'ils avaient bien fait de se poster à cet endroit et s'ils n'avaient pas déjà tout manqué, lorsque quelqu'un alluma la lumière dans la pièce qu'ils observaient.

C'était un homme avec des lunettes, d'allure tout à fait banale. Il saisit un gros classeur et commença à le feuilleter rapidement. Soudain, il s'arrêta et le posa ouvert sur la table. David, qui suivait la scène avec ses jumelles, la décrivait à ses amis au fur et à mesure.

– Là, il sort un stylo...

– Il veut certainement recopier les dossiers secrets, l'interrompit Caroline.

– Non, il n'écrit rien, reprit David. Attendez... je crois que j'ai compris ce qu'il est en train de faire.

QUESTION

Pourquoi l'homme ne prend-il pas de notes ?

6

UN OBSCUR PROBLÈME

– Mais oui, bien sûr ! s'exclama David, il n'a pas besoin de noter quoi que ce soit, puisque son stylo lui sert d'appareil photo !
– Avec des gadgets comme celui-là, on a certainement affaire à un agent secret. Nous voilà en pleine histoire d'espionnage, jubilait Caroline.
L'agent secret en question eut besoin de trois pellicules complètes pour photographier les dossiers qui l'intéressaient. Lorsqu'il eut fini, il posa une bouteille de vin sur la table et se dirigea vers la porte.
– On dirait qu'il va s'offrir une petite collation, commenta David.
La lumière s'éteignit d'un seul coup.
– Qu'est-ce qui se passe ? demandèrent Valentin et Caroline.
– Je ne sais pas, je ne vois plus rien.
La lumière se ralluma quelques instants plus tard, et l'espion réapparut dans la pièce.
– Il a sans doute éteint la lumière pour manipuler les microfilms sans les abîmer, proposa Valentin.
– Il s'apprête à faire un paquet cadeau, on dirait, mais je ne vois pas les microfilms. David réfléchit un instant puis reprit : il n'a pu les cacher qu'à un seul endroit.

QUESTION

Où sont passés les microfilms ?

....

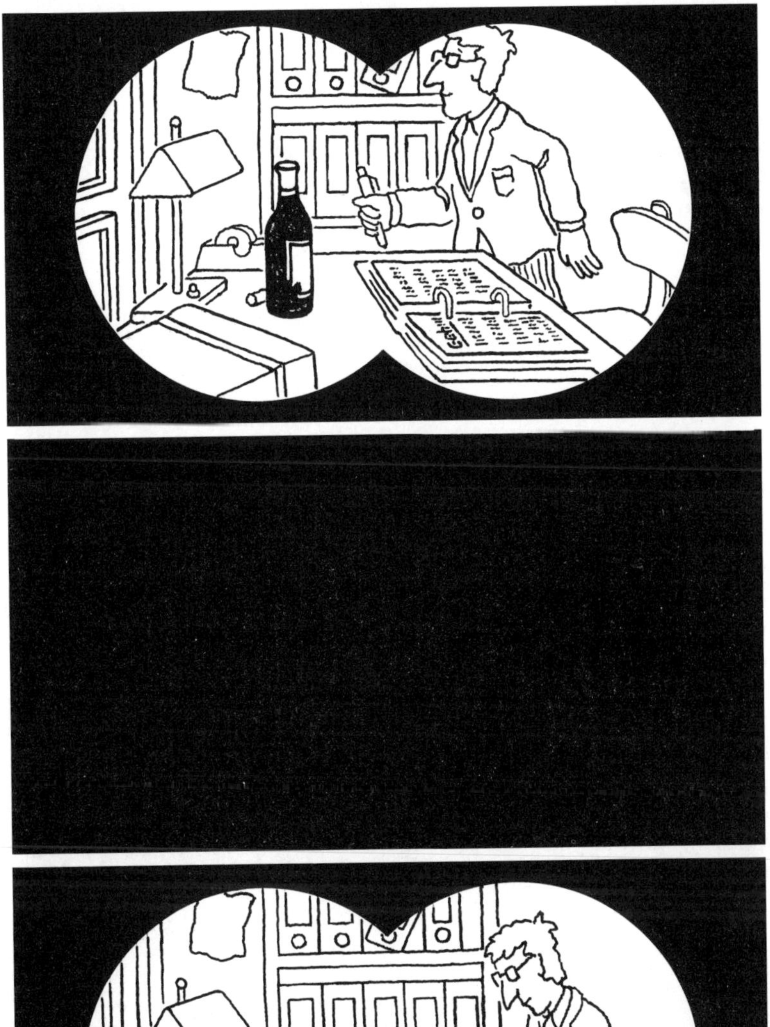

7

UN FAUX NUMÉRO

David avait remarqué que la bouteille de vin avait été rebouchée soigneusement. Voyant que l'espion s'apprêtait à l'emballer, il en avait déduit que la bouteille ne contenait pas réellement de liquide mais qu'elle servait de cachette aux microfilms. Ses soupçons furent confirmés quand il vit que l'espion quittait le consulat, tenant la bouteille sous le bras.
Les Malice et Réglisse abandonnèrent leur poste d'observation pour se lancer à la poursuite de l'agent secret.
– Où est-il passé ? demanda Caroline, lorsqu'ils débouchèrent sur l'avenue de la Gare.
– Là, dans la cabine, indiqua Valentin d'un geste discret.
L'homme composa un numéro de téléphone, raccrocha quelques instants plus tard, composa un nouveau numéro et raccrocha de nouveau. En sortant de la cabine, il regarda autour de lui, jeta un bout de papier dans une poubelle et monta rapidement dans un taxi. Il avait échappé aux Malice et Réglisse !
Pendant que Caroline et David fouillaient la poubelle, Valentin était entré dans la cabine et avait appuyé sur la touche « bis » pour afficher le dernier numéro appelé.
– Oh, non ! C'est l'horloge parlante !
David et Caroline le rejoignirent avec le papier que l'espion avait jeté dans la poubelle. Valentin s'empressa de faire le 01 68 98 10 80, mais il n'y avait pas d'abonné à ce numéro.
– Attendez, intervint Caroline, qui venait d'avoir une idée. Tu n'as pas composé le bon numéro, Valentin.

QUESTION

Quel est le bon numéro de téléphone ?

VOYAGES
ZOO
RA

0168981080

8

UNE NUIT À L'OPÉRA

Valentin avait lu le papier à l'envers. Il suffisait de le retourner pour avoir le bon numéro de téléphone, le 08 01 86 89 10. Il composa le numéro, qui aboutissait à un service de billetterie. Il fit comme si c'était lui qui venait d'appeler et demanda à quelle heure était le spectacle.
– *Le Prince masqué* est à 20 h 30 précises, monsieur, lui répondit l'opératrice.
Les Malice et Réglisse avaient déjà vu des affiches pour ce spectacle qui avait lieu à l'opéra.
– Je ne savais justement pas quoi faire ce soir, plaisanta Caroline. En route, et que le spectacle commence !
Vingt minutes plus tard, les Malice et Réglisse déambulaient dans le foyer de l'opéra à la recherche de l'espion, mais il restait introuvable. Les trois amis décidèrent finalement de prendre des places en attendant de nouveaux indices. En arrivant à la caisse, David crut l'apercevoir, mais il dut se rendre à l'évidence : l'espion leur avait bel et bien échappé.
– Peut-être est-il déjà dans la salle ? avança Caroline, peu convaincue.
– Ou peut-être qu'il ne viendra pas, renchérit Valentin, complètement découragé.
– Non, je peux vous assurer qu'il est passé par ici, triompha David.

QUESTION

Comment David sait-il que l'espion est venu à l'opéra ?

. . . .

CAISSE
Le Prince masqué
Pour V.K.

9

À L'AFFICHE

David avait aperçu derrière la caissière un paquet dans le même papier d'emballage à pois que celui que l'espion avait utilisé pour envelopper la bouteille contenant les microfilms. Ce n'était certainement pas une simple coïncidence. En s'approchant un peu, les Malice et Réglisse purent lire l'étiquette attachée à la bouteille : « Pour V.K. ».
Ils décidèrent de rester près de la caisse pour voir qui viendrait chercher le paquet. Quelques minutes à peine avant le début du spectacle, personne ne s'était encore manifesté. Ne sachant pas si la caissière était une complice de l'espion, ils n'osèrent pas lui demander de renseignements.
Les Malice et Réglisse se creusaient les méninges. Quel était donc le point commun entre l'espion du consulat d'Isménie et la représentation du *Prince masqué* ? Aucune, à première vue, mais ils ne se découragèrent pas pour autant. Un couple de retardataires essoufflés entra précipitamment.
– Dire qu'on a failli rater la dernière ! souffla la jeune femme à son compagnon.
– Mais oui, bien sûr ! s'exclama Caroline. Si c'est la dernière représentation ce soir, il y a de fortes chances que la bouteille soit destinée à l'un des artistes qui pourrait dès demain passer la frontière avec les microfilms !
Il ne restait plus qu'à trouver dans le programme du spectacle le nom du destinataire du paquet.
– Ça y est, je l'ai ! jubilait Valentin.

QUESTION

Comment s'appelle le destinataire du colis ?

. . . .

Le Prince masqué
Les Tournées Rosinsky
Présentent le chef-d'œuvre de
MAXIME MALEVITCH
Le prince....Igor Jechod
Olga.......Lea koté
Oleg........Youri Jôn
Ivan......Oleg Kondenzé
Louise.....Olga Tocek
Alexa.......Eva Tverwoar
Gasparov..Ivan Trilok
Oncle Fédor.Vlad Dlassoup
Le fou du roi..Victor Eatraver
Soubrette..Anna van Toot
Le Diable...Anton O'Hare
Musiciens
Trombone....Vadim Moitoux
Triangle......Ivan Deytichortt
Premier Violon....Vera Kivivra
Clarinette........
Harpe............
Violoncelle.....
Percussions....

10

AUX PREMIÈRES LOGES

Valentin avait trouvé une musicienne dont les initiales correspondaient à celles portées sur le paquet : la violoniste Vera Kivivra.
La dernière sonnerie invitant les spectateurs à se rendre dans la salle retentit dans le foyer de l'opéra, et les trois amis se dépêchèrent de gagner leurs places. Ils étaient placés dans la deuxième loge, côté jardin, d'où ils pouvaient observer les musiciens qui finissaient d'accorder leurs instruments.
Le chef d'orchestre s'apprêtait à donner le signal. Les lumières commencèrent à s'éteindre, et le brouhaha du public fit progressivement place au silence. Quelques personnes toussèrent dans la salle.
Le rideau se leva aux premières mesures de l'ouverture. Alors que tous les regards se portaient sur la scène, Valentin scrutait le public et l'orchestre de ses jumelles.
– Je pense que j'ai repéré le premier violon, dit-il au bout d'un moment, mais comment savoir s'il s'agit bien de Vera Kivivra ?
– Passe-moi les jumelles ! ordonna Caroline.
Elle fixa à son tour l'orchestre.
– En tout cas, si ce n'est pas Vera Kivivra, je peux vous assurer que c'est par cette femme que tout a commencé.

QUESTION

À quoi Caroline reconnaît-elle le premier violon ?

V.K.

11

CHANGEMENT DE DÉCOR

Vera Kivivra, premier violon de l'orchestre, était assise côté cour, juste sous la scène ; son étui à violon portait ses initiales. C'était la femme que Caroline avait épiée dans la cabine téléphonique du Palais de la Glace ! Les différentes pistes de l'affaire se recoupaient enfin. Profitant du dernier acte, les Malice et Réglisse retournèrent à la caisse pour subtiliser la bouteille contenant les microfilms. Elle avait disparu !

Pressés par le temps, ils se précipitèrent vers la loge de Vera Kivivra. Refermant bien la porte derrière eux, ils se mirent à chercher la bouteille qu'ils découvrirent dans la doublure d'un rideau. David la vida dans un grand mouchoir.

Les microfilms avaient été soigneusement dissimulés parmi des centaines de petites billes de plomb. Après avoir glissé les microfilms dans la poche de son pantalon, David remit toutes les billes dans la bouteille, en faisant attention de ne pas en faire tomber à côté. La bouteille replacée où ils l'avaient prise, les Malice et Réglisse quittèrent rapidement les lieux.

Le lendemain, les trois amis demandèrent à parler de toute urgence à l'ambassadeur d'Isménie, qui les reçut dans son bureau. Ils lui dévoilèrent toute l'affaire. Après les avoir écoutés très attentivement, l'ambassadeur déclara que l'espion en question ne pouvait être que Victor Thueux, son secrétaire particulier. Ce dernier nia tout en bloc d'un air si naturel que l'ambassadeur crut un instant que les enfants lui jouaient un tour.

Or, l'espion avait négligé de se débarrasser d'un élément très compromettant qui permit de le confondre.

QUESTION

Qu'est-ce qui prouve que Victor Thueux est l'auteur des microfilms ?

....

12

TOUT LE MONDE AU VIOLON !

L'ambassadeur félicita chaleureusement les Malice et Réglisse, pendant que la police emmenait Victor Thueux. Celui-ci avait commis l'erreur de conserver son stylo-appareil photo dans le tiroir de son bureau.
Les trois amis, qui avaient prévenu Antoine et Francis, se retrouvèrent un peu plus tard devant l'opéra. Ils demandèrent à parler à Vera Kivivra, mais on leur répondit que l'orchestre était déjà parti pour la prochaine étape de sa tournée.
Les Malice et Réglisse bondirent dans la voiture d'Antoine, qui se lança à toute allure, gyrophare allumé, à la poursuite du car de musiciens. Ils le rattrapèrent juste au moment où il allait passer la frontière. Avec l'accord des douaniers, Antoine fit décharger tous les bagages pour procéder à la fouille. La valise de Vera Kivivra ne contenait pas la bouteille recherchée, et son étui à violon avait mystérieusement disparu. La violoniste était excédée.
– C'est inadmissible ! Vous nous traitez comme de vulgaires trafiquants, nous, des musiciens ! Vous allez finir par nous mettre en retard, avec vos soupçons ridicules !
Antoine ne prêtait pas attention aux propos de Vera et fit inspecter les bagages de tous les artistes. À moins de démonter le car pièce par pièce, les douaniers allaient être obligés de leur laisser franchir la frontière.
Les Malice et Réglisse étaient confus. Mais où avait bien pu passer la bouteille ?
C'est Valentin qui la découvrit au moment où les musiciens s'apprêtaient à reprendre la route.
– Vous auriez dû songer à une autre cachette, madame Kivivra, lui lança-t-il malicieusement.

QUESTION

Où Vera Kivivra a-t-elle caché la bouteille ?

DOUANE
V.K.
Boris
nsky

13

UN REPOS BIEN MÉRITÉ

Valentin avait repéré l'étui à violon derrière la porte des toilettes. Vera Kivivra s'en était débarrassée juste avant la fouille, espérant le récupérer au moment du départ.

– Je ne comprends pas comment il est arrivé là, protestait la violoniste, qui continuait de jouer l'innocente.

Les douaniers ouvrirent l'étui qui contenait bien la bouteille recherchée.

– Sans doute quelqu'un qui aura voulu me jouer un tour, commenta simplement Vera Kivivra.

Alors que les douaniers finissaient de vider la bouteille, la violoniste perdit finalement son sang-froid :

– Mais où sont les microf…

Elle s'interrompit trop tard.

– Des microfilms, quels microfilms ? demanda Antoine, faussement naïf. Vous saviez que cette bouteille renfermait des microfilms ?

– Oui, euh, non, s'empêtrait la violoniste.

Les Malice et Réglisse en riaient encore le lendemain, attablés dans le salon de réception de l'ambassade, qui avait organisé une fête en leur honneur. Convaincue de complicité, Vera Kivivra était allée rejoindre Victor Thueux derrière les barreaux, pendant que les détectives trinquaient à leur réussite.

La seule chose qu'il restait à découvrir, c'était la cachette de Robinson, qui leur avait faussé compagnie.

QUESTION

Où se cache le cacatoès ?

14

DERNIÈRES NOUVELLES

Robinson n'était pas allé très loin. Il profitait de la fête à sa façon, conversant avec un gâteau à la cerise à qui il disait deux mots. Les Malice et Réglisse le récupérèrent sur le buffet, dormant comme un bienheureux, couvert de crème fouettée et le ventre plein.

Le soir, au journal télévisé, on pouvait suivre un résumé de l'affaire d'espionnage où les Malice et Réglisse apparaissaient comme inspecteurs vedettes. Grâce à leur courage et à leur perspicacité, le réseau d'espionnage avait pu être démantelé.

Même l'homme à l'ordinateur que les trois amis avaient vu sur l'*Alix* fut incarcéré. C'était en fait le cerveau de la bande, impliqué dans de nombreuses affaires, et que les policiers cherchaient vainement à arrêter depuis des années. Spécialisé dans les codes secrets et les fausses identités, il était extrêmement difficile de suivre sa trace. Il n'avait pas pu prévoir qu'un jour, les Malice et Réglisse s'en mêleraient…

Reproduit et achevé d'imprimer
en février 2008
par l'imprimerie Aubin à Poitiers
pour le compte des éditions
ACTES SUD
Le Méjan
Place Nina-Berberova
13200 Arles

Dépôt légal
1re édition : novembre 2007
N° impr. P 71864
(Imprimé en France)